PEARSON

Peter Atwater

MOO S

AND MARKETS

A New Way to Invest in Good Times and in Bad

情绪
冰与火

〔美〕彼得·阿特沃特 著

田玉海 译

东北财经大学出版社
Dongbei University of Finance & Economics Press

大连

ⓒ 东北财经大学出版社 2013

图书在版编目（CIP）数据

情绪，冰与火：选择投资时机的新方法／（美）阿特沃特（Atwater, P.）著；田玉海译．—大连：东北财经大学出版社，2013.7
书名原文：Moods and Markets：A New Way to Invest in Good Times and in Bad
ISBN 978-7-5654-1179-3

Ⅰ. 情…　Ⅱ. ①阿…　②田…　Ⅲ. 投资-研究　Ⅳ. F830.59

中国版本图书馆 CIP 数据核字（2013）第 094288 号

辽宁省版权局著作权合同登记号：图字06-2013-19 号

Peter Atwater：Moods and Markets：A New Way to Invest in Good Times and in Bad

Copyright ⓒ 2013 Pearson Education, Inc.

DUFEP is authorized by Pearson Education to publish and distribute exclusively this translation edition. This edition is authorized for sale in the People's Republic of China only (excluding Hong Kong, Macao SAR and Taiwan). Unauthorized export of this edition is a violation of the Copyright Act. No part of this publication may be reproduced or distributed by any means, or stored in a database of retrieval system, without the prior written permission of the publisher.

All rights reserved.

东北财经大学出版社出版
（大连市黑石礁尖山街217 号　邮政编码　116025）
教学支持：（0411）84710309
营 销 部：（0411）84710711
总 编 室：（0411）84710523
网　　址：http：//www. dufep. cn
读者信箱：dufep @ dufe. edu. cn

大连图腾彩色印刷有限公司印刷　　　东北财经大学出版社发行

幅面尺寸：170mm×240mm　　字数：103 千字　　印张：10 3/4　　插页：1
2013 年7 月第1 版　　　　　　　　　2013 年7 月第1 次印刷

责任编辑：李 季　王 玲　张士宏　　　　责任校对：刘咏宁
封面设计：冀贵收　　　　　　　　　　　版式设计：钟福建

ISBN 978-7-5654-1179-3
定价：36.00 元

译者前言

"抄底!"

"逃顶!"

这无疑是投资者的最高梦想,只可惜普罗大众太难将其实现,举凡 8 000 万投资者,大多都带着懊悔、痛恨,甚至绝望。本书给人们提供了一个选择投资时机的新方法——利用研判市场中弥漫的情绪来解读市场,发现顶峰与谷底。逢大众情绪火热,往往意味着市场顶部即将来临;而当大众情绪低迷至于冰点时,则意味着市场谷底为期不远。

本书的核心思想是偏好边界模型,在介绍社会情绪的基础上,分别介绍了偏好边界、市场高峰及其危险信号、房地产泡沫与社会情绪、高等教育是否存在泡沫、社会情绪冰点的标志、企业盈利和社会情绪的内在关系、社会情绪在当今市场上的应用,以及使用偏如边界(无论是否持长线观点)。其名为模型,但实际上并非晦涩的数学公式,而是生活中随处可见的种种现象。通过这些鲜活的实例,往往能透视出市场是否即将迎来拐点。

诚如书中所言,"熊市不会在希望中结束,只会在绝望中终结。""同样,牛市只会在疯狂中结束。"情绪冰火之间,市场牛熊转换。在中国股市的历史上,流传过营业部门口的老太太通过数自行车的数量来成功抄底和逃顶的故事。读懂了个人的情绪、群体的情绪，乃至整个社会弥漫的情绪，也就发现了市场现在所居何处、未来会走向何方。

翻译本书之时，正值股市滔滔、房市嚣嚣，黄金市场更是剧烈震荡，希望本书的出版能够为读者提供新的视角来解读这些令人眼花缭乱的异象。而且，如果读者细读本书，就会发现书中关于市场高峰期投资者情绪的内容对当前做决策是有直接帮助的。例如，本书第 3 章生动地描绘了市场高峰期时人们的狂热，这时落袋为安是上上之策。然后，回头再看第 2 章开头关于过山车掉头那一刹那的比喻，你将能很透彻地理解人们在市场谷底时的情绪。此时，如能坚定地购入资产，那就能轻松地享受到抄底的快乐。

在本书的翻译过程中，张晓东博士、曲春青博士、周学仁博士、陈菁泉博士提出了很多建设性意见，郑智睿、杨依菲、张传美、张博分别校译了部分初稿，在此一并表示感谢。另外，多年以来，聆听李健元教授关于证券市场的分析与感悟，使我透过重重迷雾，直抵真相，受益良多，在此表示深深的敬意和谢意！在此，还要感谢东北财经大学出版社李季女士的信任，每与之谈，如沐春风，正是她的鼓励与热忱，才使得本书得以顺利付梓。

囿于学识水平，所译如有不当及谬误，敬请读者指正，意见请致 tyh_ cn@163.com，谢谢！

译者
2013 年夏初

致　谢

我的名字虽然出现在封面上，但一个人却很难完成这本书。

就像我在引言中写的一样，没有鲍勃·柏彻特（Bob Prechter）和 Minyanville. com 的帮助，我不可能完成本书。

当我研究社会情绪经济学时，鲍勃和艾略特波浪国际公司及社会情绪经济学学会的团队给予我极大的帮助，他们质疑我的想法，为我提供观点。我还要特别感谢艾伦·豪、恰克·汤普森、本·豪和皮特·肯德尔对我的大力支持。戴夫·奥尔曼和鲍勃实在是帮了我的大忙。

同样，我也十分感谢 Minyanville 传媒。在过去的 4 年里，Minyanville 传媒作为合作方，给予我极大的支持，在这里我要特别感谢 Minyanville 传媒的迈克尔·塞达卡、凯文·迪普、泰瑞·宇、麦特·希尔、贾斯汀·罗力希、比尔·米汉、凯文·沃森、丽萨·凯西欧波利、里拉·麦克莱伦、托德·哈里森及团队中的其他人。此外，如果未向其他专业人员对我的帮助表示感谢，则仅向 Minyanville 传媒所表达的感激之情也将是不完整的。Minyanville 传媒的这个团队无疑给了撰稿人极大的帮助。我要对费尔祖奇、布兰登·莱夫、康奈尔·森、托尼·弗莱姆、约翰·苏克以及斯科特·里默说声谢谢，是你们给了我极大的支持和鼓励，并让我深刻地认识到创新是学术研究发展的推动力，一成不变的研究方法和狭隘的视野只能让学术研究停滞不前。我还要向我的朋友托德·哈里森表示感谢，除了成为我职业生涯后半段的引荐人外，你还让我的生活发生了变化。

我还要特别鸣谢那些愿意让我将他们的图表放入本书的人们。特别要感谢摩根大通的大卫·凯勒、直接转矩控制系统的丹尼尔·埃斯特洛姆、雷蒙詹姆斯公司的杰夫·沙特、北卡罗来纳大学的凯文·帕克、比安科研究公司的吉姆·比安科、宏观专家有限责任公司的斯蒂芬妮·彭勃伊、Stockcharts 网络的员工、雅虎金融和 CSI 数据。

对那些愿意花时间接见我并且倾听我尚不成熟的思想的人们，表示衷心的感谢。特别对克莱德·华曼、路易斯·卡勒、约翰·卡斯蒂、兰迪·约翰尼克、大卫·凯思琳、乔希·斯坦纳、阿廖沙·卡普图尔、卡姆·柯文、罗伯·罗伊、雪勒·施文宁格、罗伯特夫人、阿德里安·康洁、鲍勃·史密斯、保罗·米勒、鲍勃·纽曼、汤姆·泰勒、克雷格·内勒、丹·约翰逊、爱德华·施密特及新美国基金会的"圆桌会议"，表示诚挚的谢意。你们的加入给予了我莫大的帮助。

感谢金融时报出版社的珍妮·格拉塞、安妮·格贝尔，你们的支持与帮助使得本书得以付梓，是你们让出书成为一件令人感到愉悦的事。

最后，我还要向我的家人以及亲如家人般的朋友们说声谢谢，感谢你们在我写书过程中所给予我的支持和帮助。感谢父母、丹和雪莉、奥伯里和托德、路易斯小姐、苏珊妮、威尔、克里斯汀，你们非常了不起！莫莉、本和简，我不知道要如何表达此时的心情——我很爱很爱你们！

作者简介

　　被美国全国广播公司（CNBC）财经频道的赫布·格林伯格称为"财经服务领域的名人之一"的彼得·阿特沃特（Peter Atwater），是 Financial Insyghts 公司的董事长。该公司为一家涉及资金管理机构、对冲基金、基金会和养老保险等领域的投资咨询公司，其着力研究金融服务产业所面临的若干问题及社会情绪的改变将如何影响经济与市场。

　　彼得从事金融服务行业长达 25 年之久，曾构建和管理摩根大通的资产抵押证券业务，并先后担任过美联银行的会计主管、Juniper 金融公司（现为巴克莱卡美国公司）的首席财务官、第一银行投资管理部门的首席运营官、第一银行私人客户服务部门的首席执行官。

　　彼得是 Minyanville 网站的长期投稿者，他的关于社会情绪及决策的原著已被 Marketwatch、美国国家公共广播电台、《金融时报》、《时代周刊》转播或特载。他的关于美国住房市场的《给我庇护》一文发表在《社会情绪经济学人》2011 年 8 月这一期中。

　　彼得以优异的成绩毕业于威廉玛丽学院，并被选入美国大学优等生荣誉学会。

序　言

　　2012 年 4 月，我很荣幸可以在第二届社会情绪经济学峰会上与彼得·阿特沃特同台。社会情绪经济学峰会是社会情绪经济学学会举办的关于社会情绪理论的每年一次的会议。自 2009 年以来，我发现我与彼得·阿特沃特一直有着相近的观点。

　　人们带着疑问与困惑，经常联系社会情绪经济学学会，当他们最终"解决"了疑问时，感到无比兴奋。突然间，他们对新闻的理解有所不同了，他们对事件的解释有所不同了。他们了解投资周期，了解历史，他们不再对未来感到迷惘。

　　然而，极少有人拓展我们的知识面。彼得·阿特沃特正是一位终身最高荣誉成就者。在众多大公司中担任过高管后，他成为 Financial Insyghts 的董事长、特拉华州立大学的教师和应用社会情绪经济学学科的领军人物。作为一名二级学院的教师，彼得讲授了包含社会情绪经济学在内的所有课程——一个名为"社会情绪、决策和市场"的荣誉学术报告会。阿特沃特极适于完成他最后的任务：阐述投资市场行为，乃至社会兴衰。

　　阿特沃特从社会情绪理论的视角对近代社会与金融的历史进行了富有激情的有益阐释。他的讲述涉及股票市场、住房市场、教育泡沫、建筑热潮、在会计准则下情绪动因的变化、投资者在市场拐点的"主观确定性"或"主观不确定性"及人们在负面情绪下通过非理性行为增加确定性的冲动。通过上述这些，阿特沃特力图弥补传统观点关于投资心理学、业务扩张或收缩动因、政府行为的作用方面的认知。

本书的核心思想是偏好边界模型，这一观点由来已久。当我于 1995 年第一次在美林市场分析部工作时，部门负责人罗伯特·法雷尔给了我一本名为《单向口袋》（*One-Way Pocket*）的书。这本书于 1917 年出版，已近一个世纪，作者是匿名股票经纪人戴恩·顾安，他极为深刻地揭示了客户的行为。顾安惊讶于为什么他的客户在为期数月的股票市场周期中会发生资金损失，即便股价最终回到初始位置，他调出所有客户的买卖记录并有了惊人的发现：

让我印象最为深刻且极具说服力的是，随着牛市从一个阶段进入另一个阶段，客户的交易方法发生了显著的且毫无意识的改变。在随后的调查中发现这种现象是普遍的，它可以与许多心理学现象归为一类，这些现象表明大多数投机者正在做出与他们应该做出的截然相反的行为。客户 3 个月前只期望获得每手 1 个点的利润，而 3 个月后却对同只股票 10 手 10 个点的利润感到不满意，即使该股股价已经翻番。[1]

换句话说，当牛市初起时，顾安的客户认为利润是暂时的；当牛市成熟后，他们预期利润将会一直增长。阿特沃特将

---

[1] Don Guyon, *One-Way Pockets* (New York： Capstone Publishing Company, 1917）, 16–19.

对此的长期观察归纳为普遍真理，并将其应用于所有的社会情绪之中。社会情绪经济学认为社会情绪的变化是无意识的。顾安也指出投资者预期的改变是"毫无意识的"。阿特沃特认为人们的行为随偏好边界的改变是无意识的、非故意的，且通常会得到相反的结果。他指出，当偏好边界发生变化时，行为随即变化。他的关键词"我、这里、现在"与"我们、到处、永远"，为我们提供了解释社会情绪的有益参考。

1927 年，剑桥的经济学家亚瑟·庇古指出，"错误的乐观"往往伴随着"错误的悲观"，而正因为社会倾向总是会成为"错误的乐观"的牺牲品，宏观经济才总会在两级间来回波动。阿特沃特深化了庇古的这一观点，他将这些心理学的极端情形归纳为"充满希望的幻想"和"充满恐惧的幻想"。我同意这一观点，因为人们并不是在不断地犯一些低级错误。他们之所以会一再地被蒙蔽并影响他人，是因为情绪上无意识的改变有力地促使他们的信心甚至是信仰发生改变。

阿特沃特发现，有时一些富含感情成分的新闻标题会先于股市两三天做出反应，并率先表露公众的情绪。这正是约翰·博伦和毛慧娜在推特上发表的具有突破性意义的关于情感状态研究的内容。这是一个有益的发现，因为我们知道股市无时无刻不随着社会情绪的改变而随时予以反映，股市很可能被证实有一定的滞后性。

阿特沃特以其特有的方式在一些领域进行研究。我列出了一些长处与不足作为积极社会情绪的表现形式，而不只是它的同义词而已，这些优点与不足来源于对增加稳定性避免风险的无意识的需求。但信心的变化的确属于社会情绪最为重要的表现形式，它解释了许多对于历史学家来说谜一样的社会行为。

本书中有许多至理名言是值得读者注意和深深铭记的。我最喜欢的一幅图描述了在过去的一个世纪里，作者的母校经常在股市顶峰时期进行一些主要的楼宇建设项目。这样的情况在大学里很常见。

作为一名顾问，阿特沃特的观点有其实用的一面，读者可以从中获益。几乎所有人都可以在牛市时期推荐股票，但《情绪，冰与火》还可以在熊市中列出可以获利的企业类型清单。在书的结尾，彼得提供了一个与时俱进的对现金市场节点的社会情绪分析。

我非常荣幸地看到，像约翰·卡斯蒂（《情绪问题》）、康斯坦丁·马利克（《变化的前沿》）以及现在的彼得·阿特沃特这样的作家正努力地拓展和繁荣初兴的社会情绪经济学。我希望这是一个长期趋势的开端。

——罗伯特·柏彻特

社会情绪经济学学会的执行主席

及《社会情绪经济学——科学的历史与

社会的未来（1999/2003）》的作者

目　录

绪　论

在投资领域，"为什么"极少有人关注。绝大多数的分析师和调研公司忙于"立即可行的"买卖推荐和对季度盈利的突击预测，他们无暇顾及行业的"谁"、"什么"和"什么时候"。很少有人肯花时间问"怎么办"，几乎没人愿意花精力弄清楚"为什么"。

自 2007 年我观察金融市场以来，很少有分析师了解未来的事情将要"怎样"、"为什么"发生。我因从事金融服务行业近 25 年，因此能够相对容易地解释"为什么"这一问题。作为 20 世纪 80 年代中期资产抵押证券业务的发起者之一，我曾帮助过多家公司，如美国第一资本投资国际集团、福特、克莱斯勒等，将贷款与金融资产绑定作为证券卖给全球的投资者。我还曾在 80 年代晚期和 90 年代初期的经济衰退期效力于一些陷入困境的银行，如马里兰国民银行。那时，我亲历了高度集中且流动性不佳的贷款组合的信用下降，其使得毫无准备的银行高管、政府监管者、评级机构和投资者付出了高昂的代价。我见证了他们没有草率地应对危机，而是如他们所披露的那样直面危机。我也做过美国第一银行和美联银行两家大型金融公司的会计主管，因而对资本、流动性、评级机构十分熟稔。正是由于我曾从事过证券化方面的工作且在银行担任过首席执行官，我对复杂的银行会计有所了解。

在我看来，2007 年的次贷危机本不应显现。次级贷款正是当时的住房市场非理性繁荣的极端体现。这些贷款是质量最差的承销客户贷款，因而他们根本无法清偿。经验告诉我，住房市场的繁荣期过后，这些贷款的信用将会严重下降。然而，最为糟糕的贷款正是发生于信用周期顶峰时的贷款。不断攀升的巨大损失从次级贷款蔓延到 Alt-A 贷款，并一直追溯到抵押贷款本身。毫无疑问，处在这场房屋市场危机风暴中心的投资者和金融机构首先遭受了打击。这场风暴异常严重，它终结了住房产业几近 80 年的上涨态势。

所以说，了解"为什么"十分重要。

0.1 社会情绪经济学的觉醒

2009 年春，我曾在母校威廉玛丽学院发表演讲。在演讲结尾，我曾提出如果我所观察到的起初发生在抵押行业而后出现于金融领域的演进是真实的，那么接下来将会出现国家违约。国家违约将从财政薄弱、有着高财务杠杆的国家开始，最终那些财政良好、资本雄厚的西方国家也将深陷泥潭。这都源于同一危机，只是不同国家出现的情形不同罢了。①

尽管我对西方主权信用违约有十足把握，但我不确定它一定会发生。我大胆尝试推演后续发展框架，这一框架曾两次证实我对未来的合理预测。但糟糕的是，我无法说服我的客户，更别提我自己，为什么这一环节必然紧跟上一环节。

随着2009年市场的急剧上升，对我的悲观预测的质疑也越来越多。在市场及我的客户看来，西方国家政府和央行已然扭转局面。政策制定者们故技重施，他们为市场价格设置底线，经济逐渐触底反弹。我们从经济大萧条中吸取了教训，避免了经济崩溃。可危机演变成了经济大萧条又该如何是好呢？

我彻头彻尾地错了。更糟糕的是，我违背了主要的市场原理。我将自己的认知强加于市场的赚钱机制。但我仍见证了风险从私营金融公司的资产负债表向政府和央行的账面转移。在我看来，损失并没有消除，只是被转移了而已。我察觉到市场已经开始为自身损失的转移而庆贺了，却并不是为危机的真正解除而庆贺。在这最为关键的时刻，危险只是被简单地转移到了其他人的身上而已，并没有真正消除。

---

① 我于2009年早些时候所做的图表最后成为"*The Global Crisis in Nine Slides*"的基础，该文见 www.minyanville.com/businessmarkets/srticles/debt-crisis-fannie-freddie-LIFO-merril/2/2/2010/id/26625（February 2，2010）。

情绪，冰与火

毫无疑问，由于我错误的预期，我阅读了大量的关于金融历史、经济原理和投资决策的书籍。我尝试了解银行危机与主权债务危机是否相互联系，如果有联系，是如何联系的，为什么会有联系。

可不幸的是，这些材料对我丝毫没有帮助，甚至连大事件的时间序列和我所预期的极端结果都没派上用场。

2009 年 11 月，这一情况有所改观。当时，我看到了Minyanville. com 的凯文·迪普对艾略特波浪国际公司董事长鲍勃·柏彻特的采访。[①] 自 2007 年夏初，我一直是Minyanville. com 的投稿人，我经常发现凯文对市场的看法与我恰好相反。当他对市场持乐观态度时，我则持悲观态度；当他对市场持悲观态度时，我则持乐观态度。凯文称他正是从鲍勃那里学到了许多他所应用的反向策略。这一点可以在凯文对鲍勃进行访谈时其流露出的兴奋中很容易地看出。凯文之于鲍勃，就像一个吉他粉丝，有机会与卡洛斯·桑塔纳或是艾迪·范·海伦面对面交流。

尽管凯文对鲍勃的访谈内容与我在经济学领域中所知的一切相悖，与我在市场中的见闻相左，但我还是了解到一个以前从未考虑过的偶然因素——社会情绪，它驱动着市场前进，而不是使之倒退。标准普尔 500 指数之于社会情绪，就如同温度计之于温度、气压计之于气压一样。拥有市场知识可以度量情绪，但市场自身并不决定情绪。

---

① 罗伯特·柏彻特，受访于凯文·迪普，2009 年 11 月 11 日，"视频：罗伯特·柏彻特问答"，www. minyanville. com/businessmarkets/articles/prechter-bob-depew-kevin-bears-elliott/11/11/2009/id/25382。

随着对市场情绪钻研的日益深入，我越来越认同鲍勃的观点及社会情绪经济学这一新学科的基础理论。社会情绪经济学比起我以往所接触的科学更好地解释了我一直以来所探索的"为什么"。

社会情绪经济学的定义

社会情绪经济学是一门研究社会情绪的改变不仅在金融市场，更在经济、政治甚至是流行文化领域对社会行为和个人行为的激励和影响的科学。社会情绪经济学与社会经济学有着极大的不同，后者致力于经济环境如何变动及与社会环境的关联。两者在因果联系上有着本质的不同。

正如鲍勃·柏彻特十年前提出的，"要想理解社会情绪经济学，就必须掌握以下两个假定的比较：

1. 标准假设：社会情绪受经济、政治和文化的变动趋势及大事件的影响。这些大事件影响着社会情绪，社会情绪又反过来作用于人们的投资偏好。

2. 社会情绪经济学假设：社会情绪是人们相互作用的自然产物……它的趋势和范围决定了社会行为，包括对经济、政治和文化的影响。"①

对经济学家而言，社会情绪的变化是经济变化的结果。而对于社会情绪经济学家而言，经济变化是社会情绪变化的结果。两者对因果关系的认识截然不同。

---

① Robert Prechter, "Socionmics in a Nutshell," Elliott Wave Theorist (November 1999)：1.

0.2 从"为什么"到"怎么办"

在鲍勃和社会情绪经济学学会的人帮助我了解情绪与特定结果之间的关联时，我依旧困惑于情绪是如何驱动结果的。我并没有"看到"这一转化机制。但是如果没有这一机制，我将无从知晓抵押和存款是如何应用于国家的。这一困惑使我更为关注我们情绪的变化是如何影响我们的决策过程以及在许多不同情绪下都被认可的合理抉择。例如，我试图解释为什么我们在住房市场处于顶峰时乐于买房子，而在贷款利率很低及能够负担房款时，我们却选择了租房住。

下面是我的发现。我之所以写这本书，是想和大家分享我的领悟和从社会情绪经济学框架中得出的结论。我希望可以帮助投资者认识我所认识的市场和我们周围的世界，并使之从中受益。你并不需要提前了解社会情绪经济学方面的知识或是拥有社会情绪经济学背景，你也不需要有特定的金融或投资背景和经验。事实上，我期待专业投资者和交易者对我所写的有不同意见。

我还为那些对社会情绪经济学有着极强兴趣的人在标题中提供了文章和书目的提要。我相信我还有很多东西要学，我也是第一个愿意沿着鲍勃、皮特·肯德尔、艾伦·豪及其他人开辟出的道路走下去的人，这条道路曾与经济理论和投资战略等曾经蒙蔽过我的理论相冲突。对本书中意见一致的内容，它们值得称赞；对书中意见相左的内容，我也乐于接受批评。

0.3 写在前面

本书第 1 章围绕什么是社会情绪、什么不是社会情绪展开。我们经常把市场与情绪联系在一起，我认为（不得不承认，这是付出极大代价才获得的后见之明）能够区分情绪和由情绪产生的特征对投资的决策极为有利。

接下来，我将特别关注情绪对我们决策的影响。在这一过程中，我将介绍偏好边界这一概念，它是我发明的一个十分简单的框架，用于联系我所认为的"自然"选择和特定情绪。由于市场的上下波动是由特定利害关系引发的并与投资者密切相关，因而我也特别关注这些时点下的特定行为因素。

同时，我还进行了以下研究：

• 囊括了不同行业、不同经济业务中基于特定情绪的决策的例子。

• 房地产泡沫和情绪变化在其中的作用，以及情绪变化是怎样影响高等教育的。

• 寻找社会情绪与企业会计之间的联系。

我知道后面有一章的内容可能并不那么令人出乎意料，但对于投资者而言，了解社会情绪与会计是如何结合的非常关键。安然和世通事件绝不是孤立的，《萨班斯—奥克斯利法案》的出台亦非偶然。

最后，我将视角转向我们现今所处的境地，并提出个人认为可行的前进方向。本书虽然对未来进行了预测，但这些预测并不像道琼斯 50 000 指数或是道琼斯 5 000 指数那样精确。当你读完本书后，你应该对周围世界每天发生的重要事情有自己的理解，并做出你自己的有关未来市场涨落的决策。为了达到这一目的，我特意加入了大量与近期生活息息相关的图表和新闻。真诚希望这些可以激励你思考更多关于自身行业或领域的事例。

0.4   结   语

在进入第 1 章前，请"了解社会情绪"。我想先停下，阐明关于"因果关系"的基本问题以及那些因情绪改变而产生的想法是如何"促使"我们做一些我们从没想过要去做的事的。

没错，当我第一次接触社会情绪经济学时，我并不信服这一理论。就像我之前提到的，这一理论认为情绪的变化会驱动市场的涨落，这一观点与我 25 年来在金融领域所见证的一切背道而驰，社会情绪经济学的理论绝不成立。

然而，现在我确信情绪可以驱动市场，并会在前面的几章阐述理由。

第 1 章

了解社会情绪

当你在收看美国全国广播公司财经频道或是看《华尔街日报》时，你很容易就会得出这样的结论：正是经济或公司盈余驱动着市场。某天你或许会看到由于就业数字超乎预期而使股市飞涨，然而另一天你或许又会听到由于 RIM 通信公司盈利能力下降或其他什么公司的原因而使股市跳水。

一些事件的出现使得股市上下波动，因而有大量的评论员和记者每天告诉我们到底发生了什么事。

冒着可能导致金融媒体趋于复杂的风险，这些事件对公司盈余和经济报道毫无用处。虽然这些事件很有意思，但这些我们认为驱动市场的事件恰恰是市场变动的结果而非原因。

与其苦苦思考一个积极的财报如何推动股价上涨，投资者不如思考究竟是什么引发了盈余和价值的增长，这样似乎更为明智。同样，与其关注某天房价下跌与证券市场下行的关联，不如去思考房价究竟为什么下跌。

我认为，市场并不受公司或经济数据甚至是极端事件的驱使，而是受我们的影响，受我们的感知，即我们的情绪的影响。情绪的变化驱动我们的偏好，并反过来作用于我们的日常生活决策，这一变化程度对市场有着重要影响。

1.1　情绪的定义

在我们研究决策与情绪变化关系之前，我想先来定义一下我所说的情绪。它是指我们共有的或是社会的情感。为更好地解释这一概念，我先从个人层面入手进行讲述。

虽然这样想可能显得很无知，但我仍将我们自身的情绪理解为基本的信心。它是一种无意识的对我们周边世界的确定性感知。但请相信，信心是个可以进行预期的工具。虽然我们过去任何时候的信心现在仍然存在，但信心实际上是对未来我们有多少确定性和不确定性的反映。我们不仅关心未来是什么样的（即未来本身），我们还关注我们当下的选择，即我们的决策在未来是否会成功。

我意识到这样解释相当拗口，即其实信心就是我们如何看待未来的自己，且只有我们自己才能决定我们多么有信心，别人只能告诉我们是否过于有信心或缺乏信心。然而事实上，只有我们才知道我们到底有多少信心。我可以训练一个缺乏信心的人让他变得更为有信心，但我不能主导他的信心。有无信心归根结底都是内在原因。你只要说服你认为有着过度信心的人，并告诉他们过于自信了，你就会明白自我主宰的信心究竟是什么！

我之所以喜欢用"信心"作为"情绪"的同义词，是因为它将情绪的两种要素紧密结合了起来：一是确定性（或相反）的度量；二是我们的信仰体系。这两者决定了在特定时点，我们认为什么是对的。对于投资者来说，预期的要素对情绪的有用性是关键的。虽然我们的情绪能够并将会被过去的重要事件所影响，但是我们如何将这些重要事件应用于我们的预期（通过我们的假想／预测／战略）更为重要。就像你所看到的那样，我们并不一定会认识到这一点，但是在这个过程中的不同阶段，我们会因此而高估或低估风险。信心还会使我们在不同时点对同样的信息做出不同的反应。有经验的投资者都知道，有时候利好消息会使股市大涨，有时候却会使其跳水。其实股市的涨跌取决于我们的信心水平。

信心的变化是如何影响我们的决策的？

在开始关注信心变化与决策的关系之前，我们先来考虑一个问题：你现在的信心水平与 5 年前相比，是有所提升还是有所下降呢？例如，由于你信心水平的变化，你现在关于购买住房的决策是否和你 5 年前的决策相同呢？你是否认为 5 年前你高估或是低估了住房市场的风险？你是否认为现在高估或是低估了这些风险呢？你觉得房屋价值比起 5 年前确定性更强还是更弱？你是否认同现在你对房屋价值的确定受你的信心水平的影响呢？

虽然我们没有确切的答案，但是在我们每次的大型购买决策中，在我们的行为中，像这样的一长串问题最终促使我们得出了答案，并知晓自己当时的信心水平。5年前，我们做了这样一个选择；然而如今，我们或许会做其他的选择。

我之所以喜欢将"信心"作为"情绪"的同义词，另一个原因是信心与股权价值都采用预期的方法。也就是说，我们评估某公司的股票不是看现在该公司正在发生哪些事情，而是看未来将会出现什么事情。我将在第2章"偏好边界：情绪如何影响决策"进行阐释，但请先在此处思考一下股票价值与我们的信心之间的关联。

1.2　情绪与情感

我之所以喜欢将"信心"作为"情绪"的同义词，还有一个原因是它清楚地界定了"情绪"与"情感"两个不同的概念。悲伤难过并不一定使我没有信心。同理，快乐也不能降低我的不确定程度。实际上，情感较之于情绪持续时间较短。我们的情感源于一些特定的重大事件，然而情绪却导致了事件本身的发生。

许多心理学家喜欢将我们的情绪与从悲观到乐观的连续区间相联系。我并不想否认这一联系，但乐观与悲观只是反映而不是导致我们信心或情绪的变化。由于我的情绪越来越糟，我会更为缺乏信心，因而我可能会变得更为悲观。我认为乐观与悲观都与情感有着很强的联系，这一观点使得这个看似很不切实际的问题变得更为复杂。

尽管情绪与情感有很大区别，但有时两者又很相近。这种情况通常发生于情绪发生极端变化时（我将在第 3 章 "市场高峰及其危险信号" 和第 6 章 "社会情绪低谷的标志" 中进行阐释）。我想这就是为什么投资者在市场的关键拐点一再做出错误的投资决策的原因之一。例如，在市场波动的峰值处，由于我们对未来极度充满信心，我们错失了强烈积极情绪与强烈积极情感的结合点。同理，出于对未来的极端的不确定性，我们无法将非常悲观的感情如灾难、悲伤与 9 月 11 日这样的日子相分离。

1.3 信心和我们对确定性的认识

对情绪的其他方面的理解同样值得一提，事实上，我们的情绪／信心水平与我们对未来的确定性是高度相关的。也就是说，我们的信心水平越高，我们对未来的可把握程度的确定性越强。同样有趣的是，我们越是有信心，我们就会认为我们对未来的感知越深入。换句话说，当我们拥有信心时，我们认为自己更为了解未来；当我们信心满满时，我们认为自己可以预知更为长久的未来。以公司为例，其总是在市场处于顶峰时对生产能力过度投资，因为其认为未来将会有旺盛的需求。两者的相互关系如图 1-1 所示，我们的信心水平与我们对未来的预见程度几乎成正比。

情绪，冰与火

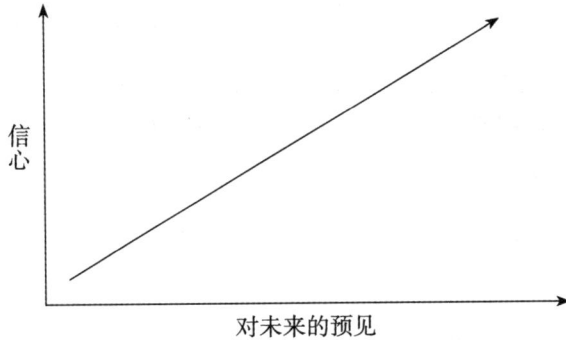

图1-1　我们的信心水平与我们对未来的预见紧密相关……

资料来源　Financial Insyghts。

然而事实上，未来与我们的信心水平毫不相关。不论我们
是否对其有信心，未来都会按其自有的轨迹发展。虽然我们对
未来的准备和态度可能会提升我们应对未来的能力，有时我们
甚至希望这种能力越强越好，但是我们的信心并不会决定未来
的发展。我在图1-2中用水平线来表示这一观点。

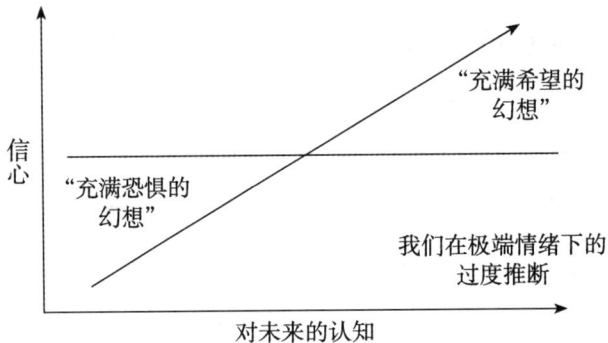

图1-2　……但未来仍是未来及我们在极端情绪下的过度推断

资料来源　Financial Insyghts。

我认为这是情绪的一个重要方面，尤其是对于投资者而
言，因为其清楚地说明了我们由于信心水平的改变而高估或是

低估未来的可能性。当我们的情绪高昂时，我称其为"充满希望的幻想"；当我们情绪低落时，我称其为"充满恐惧的幻想"。我们的情绪越乐观或越悲观，我们就会越自然地倾向于将那些幻想（向好的方向或向坏的方向）加之于未来。当我们注意到股票分析师们会在一只股票的高峰期或低谷期对其盈余和目标价格进行预测时，你就会更为理解我的观点。很少会有一个群体像股票分析师那样一再地成为"充满希望的幻想"和"充满恐惧的幻想"延伸影响的牺牲品。

我们越是有信心，越是认为我们可以更深入地预知未来，就越会将我们现在认为具有确定性的评估加之于未来。当我们信心与情绪都极度高涨时，我们自然会预见到未来将会有重要的事情发生。

相反，在我们信心水平恶化时，同样适用上述推论。在缺乏信心时，正好与信心满满时相反，我们会预期未来会有更多的负面结果出现。在我们尚未意识到为什么会是这样时，我们对待事物已变得越来越消极。例如，在大萧条最低谷时期，毫无疑问大多数美国人都觉得未来的生活将会是一直漂泊不定的。这就是一个把"充满恐惧的幻想"延伸了的极端例子。

正如你所见，这些幻想对我们的偏好及决策过程起着至关重要的作用。它们是可以解释资产泡沫和恐慌的关键原因。这些幻想也引来了质疑：我们或市场到底是不是真正理性的？

确定性的两面性

人类行为就是这样，一方面，当事情朝着我们"确定"的方向发展时，我们对这一结果乐见其成——在商业中，管理

情绪，冰与火

者要求对自己的管理者才能带来的收益给予激励，"事情正严格地按照计划进行。"另一方面，当事情没朝着我们"确定"的方向发展时，我们马上会将其归罪于市场不确定性——大多数管理者都希望可以不受这个坏业绩的拖累，他们推诿道："谁能事先料到？"

在2011年6月，富国银行退出了反向抵押贷款业务，并发表相关声明："由于房产价值无法估测，因而退出该业务。"

我觉得这个声明的可贵之处在于，它揭示了当富国银行于1990年介入反向抵押贷款业务时，公司认为房产价值是可以估测的。如果无法估测等于退出，那么可以估测是否应该等于进入呢？

事实表明，2011年的房产价值并不比1990年容易或难以估测，但富国银行却认为难以估测，许多人也持同样观点。因为富国银行如果选择持有15至20年的反向抵押贷款，它必须确信未来的房产价值是可以预测的。

当我们充满信心时，我们相信未来的一切都是可以预计的（事实上，是"积极"预计）。当我们缺乏信心时，事情就会变得不可预知。随着我们信心水平的降低，"充满希望的幻想"被"充满恐惧的幻想"所代替，且很快就完成了。在2007年夏，"恰到好处"这个词在金融行业被当做术语大量使用，因为此时从市场到经济一切都那么"恰到好处"——它正是"充满希望的幻想"的完美例证。不用说，不出12个月，"充满恐惧的幻想"来临，许多人都流露出对全球金融系统稳定性的担忧。

16

在我看来，我们回避了这样一个问题：不管是经济良好时期还是恶化时期，投资者是否支付给管理者（不论公司管理者还是资产管理者）过高报酬——使得绝大多数的管理者在经济良好时期只凭运气（而不是能力）经营，在经济低迷时期，则以无法预测为借口。

更糟的是，我曾说过我们因在错误的时期进入或退出相关业务而给予管理者过高的报酬。反过来说，进入的最佳时机应该是市场认为不确定性最高的时候，而不是相反的时候。

正如富国银行发布的新闻所指出的，极少有公司会在错误时间段进入某一行业后，有兴趣继续坚持直到公司度过极其不确定的时期。即便对于那些有耐心持有股票的公司来说，也没有什么比大多数持有者抱怨价格低得"出人意料"而选择退出这一事实更能揭示未来存在着巨大的机会。

我认为，分析师、投资者及股东对管理层的最佳提问应围绕确定性问题展开。管理者可以确认的是什么？为什么可以确认？至少对于投资者而言，人们的确定性越高（越多的人掌握这一确定性），对于预期收益的不确定性就越高。

1.4 社会情绪的连续区间

根据前述的知识背景，图1-3向我们展示了情绪和信心水平的连续区间，其涵盖了从左下最弱的情绪水平到右上最强的情绪水平。

情绪，冰与火

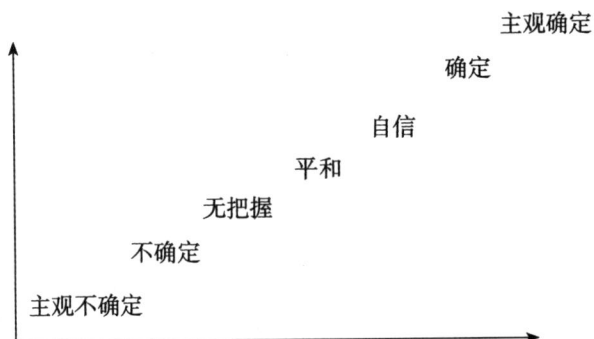

图1-3　情绪和信心水平的连续区间

资料来源　Financial insyghts。

　　我用主观确定性来表示情绪的高峰期（用主观不确定性表示情绪的低谷期），这是因为当我观察行为和决策过程的两个极端情形时，我发现找出我之前所提到的"幻想"的连续行为特征十分重要。

　　以情绪在高峰期为例，对于我们所预期的未来，我们不仅确定，而且十分确定，是确定的"平方"，这一点我在第3章也会提及。同理，在情绪的低谷期，此时情绪就像是不确定的"平方"。在最低点处，我们确信未来的一切都不能确定，这时我们的信心基础甚至都发生了动摇。

　　大多数的投资顾问和经理人力图用"情感曲线"来描述这一思想，如图1-4所示，其正出自我的朋友——雷蒙詹姆斯公司的杰夫·沙特之手。

　　在市场发生巨大变动时，"情感曲线"给予我很大的帮助。举例来说，它让我懂得何时退出股票交易，懂得区别由恐慌甚至是失望产生的主观不确定性与相反的由最高点的"陶醉

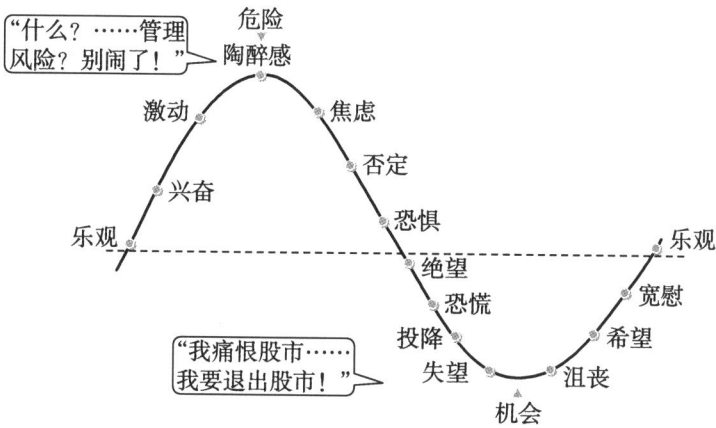

图 1-4 投资者情感曲线

资料来源 Jeff Saut, Raymond James。

感"产生的主观确定性,懂得将情绪分解,将与情绪相关的偏好分解及将我们在不同情感下做出的决策特征分解。通过对因果的区分,我们更容易将陶醉感(一种自然伴随的特定行为)作为主观不确定性到达顶峰及应卖出股票决策的实时反映,而不应该将陶醉感作为我们可以随便忽视的一种情感。

为了更好地理解情绪,我们最好预见并回应市场机遇,而不是人云亦云。

情绪起伏的不确定性

图 1-4 中的情绪曲线表明从曲线的最高点到最低点的移动轨迹遵循正弦曲线,变动情况有点像级数。而事实恰好相反,很久以来,我们觉得信任就像建伦敦塔桥。长时间一砖一瓦建立起来的信任有可能迅速崩塌。人们对于个股和股指所拥有的信心与预期同样适用。比如,股价缓慢爬升后往往会伴随着急剧的跳水,牛市比熊市持续的时间长。幸运的是,现在要

理解产生这种现象的原因变得容易多了。

在这里之所以强调这一点，是因为许多投资决策都不仅假定市场涨落是有规律的运动，而且还假定股票具有持续的流动性且市场环境在变动周期的任何时点都并然有序。

毫无疑问，信心的急剧减少随之会导致股价的暴跌和市场流动性变差。这是因为众多投资者信心水平下降会导致风险承受能力减弱。

情绪起伏的不确定性的另一方面也尤为重要：我们对确定性的无尽追求。

你会去买那些对于其投资收益没有信心的人卖的投资产品吗？你会在意彭博社或是美国国家广播电台财经频道对一个不自信的资金管理者的评论吗？

对这一点我深表怀疑。投资行业同其他行业、政治等一样，我们认为他人越是有信心，结果就越乐观。但三思过后，我们发现在投资行业中，信心增长与股价攀升相伴而生。无须惊讶，事实上我们总是在价格越升越高时选择买入或想要买入更多的而不是更少的股票或商品（尽管很多人并没意识到这一现象）。股价最低而不是最高时才是股价回升确定性最强的时候，但投资者通常会为他们认为的更强的确定性付出更大的代价。

这一观点贯穿本书始终。我们来思考这样一个很重要的问题：当投资者发现自己为追求所持资产收益的确定性付出了更大的代价时，价格将会出现多么巨大的波动啊！

1.5 个体情绪 V. S. 社会情绪

如果我们的情绪是我们信心水平的表现，那么社会情绪就可以看做是所有个体情绪的综合反映。也就是说，社会情绪是个体情绪的集合。

我曾注意过，即使是我们自己的情绪也并不完全来源于我们自己。从个体集合的角度出发，我们的情绪反映了我们与世界的联系。举例来说，你自己的情绪会受到各种人的影响，包括你的家人、同事、教会的成员、读书俱乐部的朋友等。你合伙人的情绪也会被他的社交圈子里形形色色的人所左右，譬如家人、朋友、同事等。将诸如夫妻、合伙人等影响情绪综合起来考虑，就组成了整个集合的情绪因素。

我喜欢将所有这些社会联结点视为一面可以反映情绪的镜子。有时这面镜子反映了你从众的情绪，有时它也反映了你的情绪对社会的影响。你的情绪也反映出你周围人的情绪，这是毋庸置疑的。你们彼此分享信息，又通过互动和交流的过程形成你潜在的情绪，你的大脑从中选择了你认为最好的行为方式。

它描述了我们情绪的形成过程，同时也体现了社会情绪是如何整合的。它不是各部分之间简单的加总，而是以一种有机的方式来影响和驱动情绪的形成。

社会情绪是人类相互交流的自然产物，是我们作为社会人的本能反应。正如在引言中阐述的那样，社会情绪经济学正是由上述观点发展而来的。如果我们尝试观察社会情绪和市场的相互影响，就会发现这一例子用来形容不断磋商最终达成"共识"再恰切不过了，市场中投资者分享着这一关于证券或是战略的共识。对于散户投资者而言，认识到他们经常是最后才接受不断磋商的"共识"这一现象十分重要。

1.6　测量情绪

怎样才能测量社会情绪呢？

对于美国整个国家而言，经济学家和许多投资者倾向于观察三大主要的消费者情绪指数：消费者信心委员会指数、汤普森·路透/密歇根大学的消费者敏感指数以及彭博社的消费者舒适度指数。每个指数均遵循着自己的方法论，并有自己的讨论范畴。但如果你将这些指数相叠加，就会发现它们在长期内具有相似的形状。很遗憾的是，这些指数都包含了一个调查的过程，因而这些指数都具有滞后性。我认为三个指数中彭博社的指数最有用，因为它是每周公布一次，而不是每月公布一次。尽管如此，它也相对滞后，因为它反映的是一个为期四周的移动平均值。

鲍勃·柏彻特提出一个比上述三个指数更好的测量情绪的方法，也就是市场本身。就这一点，我将在第 8 章"社会情绪和当今市场：我们身处何方？"中给出一些注意事项。我赞同将更为广阔的市场指数（标准普尔 500 指数及道琼斯工业指数）作为对社会情绪进行实时反映的晴雨表。这些指数随着我们情绪的改善而升高，随着我们情绪的恶化而下跌。我们的情绪驱动着市场的变化。

我发现上述许多理论与其他人所提出的因果关系概念背道而驰。他们认为市场不断走高提升了我们的情绪，而市场下滑会使我们的情绪受挫。就像你将在第2章读到的一样，情绪变化对我们偏好和决策的影响方式解释了市场受我们情绪的驱动，而不是情绪受市场的驱动。

不可抗力和其他外生事件

在解释了情绪改变驱动市场改变这一观点后，我们停下来讨论一下在某些情形下，不可抗力和其他外生事件对市场变化的巨大驱动作用。

大多数投资者（当然也包括金融新闻）把诸如飓风、龙卷风等与公司盈余和美联储行为混为一谈，把它们都视做导致市场波动的原因。为防止分类过细，我建议你将人为外生事件与不可抗力区别开。我在书中清晰阐明，人为"事件"背后的决策过程与市场变动反映了同一情绪变动。

显然，龙卷风、飓风、地震等不可抗力事件的背后并没有人们进行决策的过程。但是在我们抵御自然灾害时，存在着决策过程，情绪在这一过程中起着巨大的作用。

让我们来看图1-5所示的2005年股票市场道琼斯工业平均指数图表，你很难指出是在哪一时点发生了卡特里娜飓风（它发生于8月底）。同样，在2011年的日经指数（见图1-6）中，你也几乎不会发觉海啸已于3月发生。

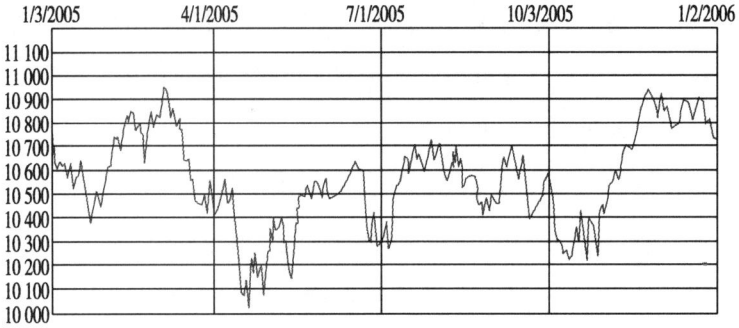

图 1-5　卡特里娜飓风和 2005 年道琼斯工业平均指数

资料来源　Yahoo!。雅虎公司授权改编，雅虎公司持有版权。

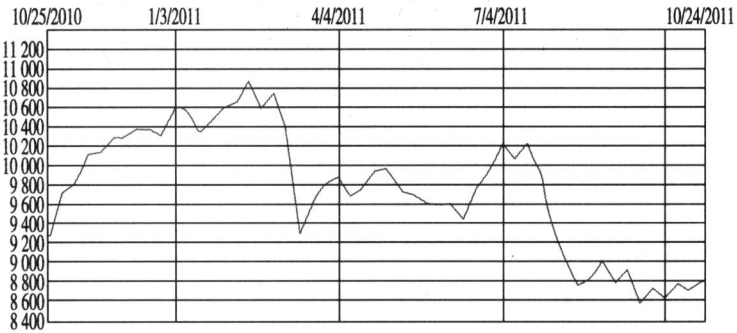

图 1-6　日本地震/海啸和 2011 年日经 255 指数

资料来源　Yahoo!。雅虎公司授权改编，雅虎公司持有版权。

那么为什么会这样呢？

在情绪上升期，就像美国 2005 年的例子中所述，我们不断高涨的情绪让我们能够直面过去的灾难并放眼未来的经济机遇。如日本 2011 年的例子所示，在情绪低潮期，我们只关注负面结果和由灾难引发的未来不确定性。

如前所述，市场对于几乎每天都相同的消息的反应是不一样的。某天市场因正面的盈利性报告而上涨，另一天却又下跌

24

了。就像不可抗力一样捉摸不定，许多非财务事件同样如此。这本书的以后章节将会举出更多的例子，市场对于我所期望的结果的反应将会令人感到十分惊讶。我们将会看到，在我们眼中某个东西是否合乎逻辑完全依不同情境而定——它因特定时点下我们情绪的好坏而不同。

1.7　大众情绪和媒体

在此暂且来讨论一下大众情绪和媒体如何相互影响。在我看来，媒体（网络、出版业、电视、广播、Facebook、微博等）都只是更多的社会互联点，像镜子一样在你身上反射出群体的情绪，同样也把你的情绪反射在群体当中。

有太多的投资者，他们通过报纸或者电视了解时事，而非关注反映他们自身社会情绪的实时指标。要知道，新闻标题就是报纸的卖点，为了吸引你去读，其就特意为了与读者产生共鸣而进行创作。这就导致了所有的标题和新闻事件，甚至经常在你毫无意识的情况下，像镜子一样反射出你的真实感受。

举个例子来说，下面是 2011 年 7 月 27 日印刷版《华尔街日报》的主要标题：

"博纳计划面临反判"

"银行业贷款结算业务激增"

"BP 结果令投资者感到沮丧"

"基金可能遭受损失"

"内销价格萎靡"

情绪，冰与火

"北京指责'国外技术'"

"谨慎的公司偏好临时员工"

"压力之下，麦当劳在儿童套餐中添加苹果"

"监督机构看金融疲软"

"对索罗斯而言，家族利益至上"

"货币基金能降低风险"

"瑞银集团业务规模被迫缩减"

"德意志银行因 CEO 变动遭批判"

每个标题暗含了什么样的信息呢？是否像下面所述：

"博纳计划面临反判"

　　"反判"意味着社会动荡

"银行业贷款结算业务激增"

　　"激增"意味着敌对关系

"BP 结果令投资者感到沮丧"

　　"沮丧"意味着不快

"基金可能遭受损失"

　　"可能遭受损失"意味着担心

"内销价格萎靡"

　　"萎靡"意味着不满意

"中国政府指责'国外技术'"

　　"指责"意味着挑剔

"谨慎的公司偏好临时员工"

　　"谨慎"就是不安的意思

"压力之下，麦当劳在儿童套餐中添加苹果"

有"压力"就是不如意

"监督机构看金融疲软"

"疲软"意味着无能为力

"对索罗斯而言，家族利益至上"

"家族利益至上"就是说自身利益至上

"货币基金能降低风险"

"降低风险"意思是恐惧风险

"瑞银集团业务规模被迫缩减"

"缩减"就是节省

"德意志银行因 CEO 变动遭批判"

"批判"就是不赞同

在我看来，这些标题成功地抓住了读者此刻的情绪，但这些都与市场价格毫无关系。然而，下一周股价却出乎意料地下跌了。还有更甚者，我注意到伦敦发生骚乱，德国和爱尔兰的汽车被点燃，而且不出意料地报道称 8 月份消费者信心受挫。

我在读这些标题时，感觉情绪急剧变差，然而市场的反应并非如此。

但是，反过来说同样正确。标题和媒体对我们情绪的把握经常滞后。比如说，我就爱看美国国家广播电台财经频道和彭博社上所有关于市场下行消息的特别报道。这些报道是市场方向的潜在变化的极好的反映指标。为什么？因为它们融情绪（有恐怖的音乐相伴）和集体不确定性的感觉于一体。如果是在国家电视台上报道，我们也会有同感。

很多杂志的文章也是如此。通常来说，它们是更好的反向指标。比如说，《经济学人》对 2011 年 10 月 1 号的事件做了一篇特辑，言辞冷酷，其标题为"如果政治家对世界经济没有实际行动……心惊胆战"，"心惊胆战"一词用红色加粗字体出现在正中间。标准普尔 500 指数不到一个月反弹了 20% 多，使得该报道机缘巧合地与主要市场的底部完美一致。

更经常的情况是，投资者深受媒体中所反映的情绪之害，做出错误的投资决策。他们不考量标题和报道的事件本身，却在心底似乎明智地发问，杂志报道和新闻事件的确定性已经在市场价格上有所反映了吗？在这样的情况下，市场就将出现大逆转了。

1.8 情绪群体

对于大众情绪怎样融合在一起这个问题，其中重要的一个方面就是，它能让情绪本土化、地域化、国籍化，甚至国际化。欧洲人的情绪不同于亚洲人的，德国人的情绪与希腊人的也不一样。情绪也是具有行业和公司特性的。比如说，如今的惠普人的情绪就与戴尔和苹果的大相径庭，这一点毫无疑问。

然而我相信，正是这种情绪的持续性使市场内和市场间产生关联。沟通技巧可能会在当前市场整体情绪中扮演潜在角色，基于此，在第 8 章我将再次谈及这个话题。

1.9 结 语

从许多读者的反馈中得知，大家很难理解"市场是因我们信心水平的改变而发生改变的，并不是由外生事件引发的"这一观点，特别是这一观点颠覆了许多金融媒体所主张的因果关系。我可以理解，一些我们认为合理的思想已根深蒂固，一时间很难改变。我也相信没几个经济学家愿意花时间思考我的关于市场的观点，即使它很合理。但是那些情绪以几乎相同的模式、同时存在并持续发生的行为贯穿于社会运动、政治、金融市场甚至是艺术领域始终。久远的历史告诉我们，在我们的行为背后，不是那些大事件，而是其他一些什么因素在充当驱动因素。

就像马克·吐温所言，历史不会重演，但却惊人地相似。

我相信这一切都应归根于信心。在第 2 章中，我将努力解决上述问题为什么是信心驱动的，以及信心是如何驱动的。

偏好边界：情绪如何影响决策

我前面关注的是社会情绪经济学的基本原则，以及重大事件与情绪之间的因果关系，相比之下，我更愿意花时间研究情绪影响结果的原因和过程。这导致我仔细研究情绪是如何影响人们的决策过程的。更准确地说，我关注的是人们如何基于不同的信心水平做出合理选择。在本章，我们将讨论这些问题。

情绪会直接影响我们的决策，为了更好地理解这一过程，我将引用一个过山车的例子。过山车是制造人工情绪的最好工具。主观不确定性是指行为者认定自己处在一个不确定的环境中。当过山车从起点向高空飞奔时，这种主观不确定性就会随着它的哒哒声而迅速产生。通常情况下，过山车会在驶到顶点即将下行的那一刹那停下来，留下一两秒钟的时间让我们思考即将发生的事，仿佛在提示我们即将面对的不确定性风险。我非常喜欢过山车停下来的这短短一瞬。

但是我们姑且思考一下，在过山车驶到顶点即将下行所停顿的片刻，我们究竟在想什么。

- 我们正在想着的那个人是谁？
- 我们正在想着的地方是哪里？
- 我们正在想的时间是什么时候？

这些问题看起来不可思议，但是我相信，当面对"过山车之巅"这样的境况时，人们处于极端的主观不确定状态，没有人会在想一位过世已久的堂兄，或者游乐场的另一边正在发生的事（更别提世界其他地方了），或者一项紧迫的家庭作业，或者下周即将到期的紧急工作项目。

当确定性深受质疑、人们的信心深受打击时，上面这三个问题的答案就会变得清晰明确。

这三个问题的答案分别是：

- 我
- 这里
- 现在

事实上，我发誓在过山车骤然下行前，我们是可以听见那些面色苍白的祈祷者的声音的："保佑我在过山车上平安度过接下来的 26 秒钟，我保证……"

- 我
- 这里
- 现在

2.1 偏好边界的连续性

当不确定性达到顶峰时，我们实际面对的世界急剧变小（如图 2-1 所示）。我们面对的不是其他任何人，而是"我"；我们面对的地方不是公园、城市或者世界其他任何地方，而是"这里"；我们面对的时间，不是明天、下周或者明年，而是"现在"。

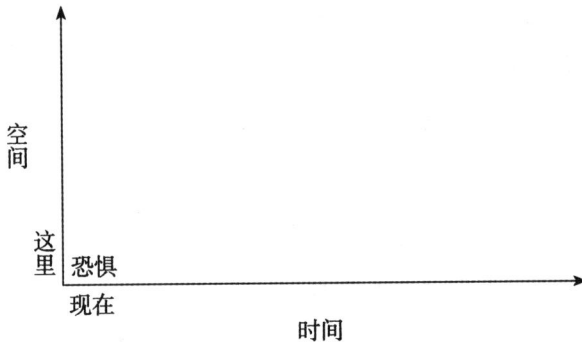

图 2-1　极端恐惧时，我们面对的世界很小

资料来源　Financial Insyghts。

我认为这是人们正常的生理反应。当不确定的环境向我们施加压力时，我们的身体和大脑就会做出这样的反应。当处于不确定性的环境中时，我们会排除那些不必要的复杂性事物或者那些与生存不相关的事物（当这种压力或者冲击达到最大程度时，我们甚至会暂时中止我们身体内部的一些功能）。这就是我们进行自我调节的方式。

现在回到过山车的例子上来，想一下过山车结束行程时发生的事。我们会一下子变得健谈起来，我们迫不及待地想与后面的人谈论我们坐过山车的体验。这时候"我"变成了"我们"——我们开始融入群体。我们关心的地方从"这里"扩大到整个公园，我们关心的时间从"现在"扩大到一整天。

这就好比为我们的思维戴上了一副隐形眼镜，这个隐形眼镜自动将我们周围的视野分为三个维度：空间维度、时间维度和关系维度，而且我们的视野在这三个维度上的表现取决于我们的信心水平。我将这个三维的视野称为我们的偏好边界。从中，我们可以知道我们的偏好是基于情绪的，可是我们很少会意识到这点。

我们的处所、我们看待世界的方式以及我们的处事方式都基于我们的情绪状况，而且分布在一个连续区间中。这个连续区间的端点值分别是"我、这里、现在"和"我们、到处、永远"。

当我们情绪高涨时，我们的偏好边界自然就会扩张，但我们自己意识不到这一点；相反，当我们情绪低落时，我们的偏好边界也会收缩。当我们信心增强时，我们会积极参与我们想加入的世界中的活动；而当我们的信心降低时，我们也会倾向于逃离那个环境。这也是我们群居本性和生存本能的体现。

我们的信心水平分布在一个连续区间中，我们的生活，不论是个人的还是集体的，都是在沿着这个区间上下移动的过程中度过的，在移动过程中我们的偏好边界也会相应地变动。我们可以从时间和空间的维度来衡量（如图 2-2 所示）。

情绪，冰与火

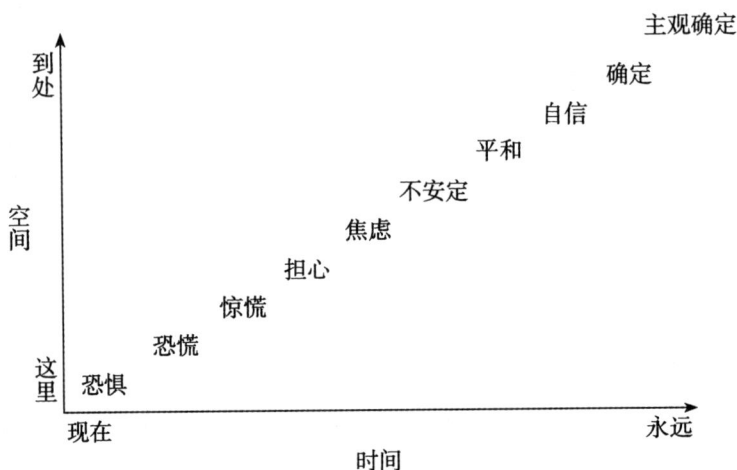

图 2-2　我们的时空观反映我们的情绪

资料来源　Financial Insyghts。

从关系维度来看也是如此（如图 2-3 所示）。

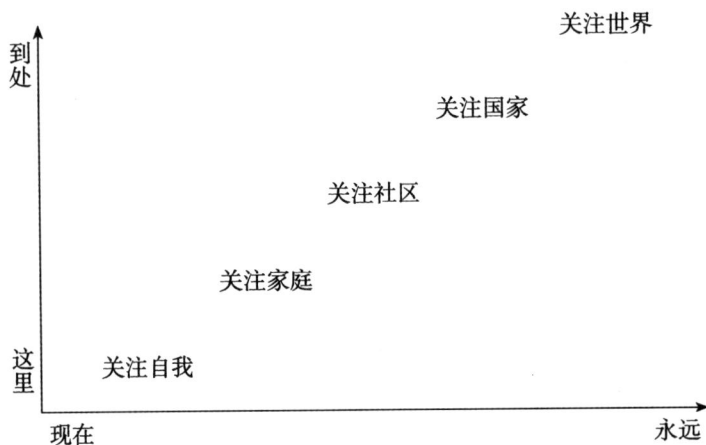

图 2-3　情绪的变化也会影响人际关系

资料来源　Financial Insyghts。

在偏好边界的连续区间中，我们所处的位置和方向会直接影响我们的判断。它可以解释为什么我们今天想要加入一个小团体并觉得其是有意义的，而明天想退出这个团体同时也觉得是合理的。为什么我们会在房价不断高攀的那一年急切渴望买进房子，而仅仅两年后在面临创纪录低的利率和高购房支付能力的时候却又只想租房住。事实上，前者是我们在情绪高涨时做出的决策，后者是我们在情绪低落时做出的决策。

情绪与政治、经济和社会生活紧密相连。情绪决定了我们的偏好边界。虽然我们自己感觉不到偏好边界，但是偏好边界使我们认为自己的决策是合理的。

简而言之，不论是从个体还是集体的角度而言，行为都会受到信心水平的约束。

偏好边界初步应用

我们马上就要详细讨论情绪高涨和情绪低落情况下人的决策过程。在此之前，先请大家考虑一下当前我们周围发生的重要事件。参考图2-2和图2-3，回想一下你自己在生活中有没有看到过这样一些事情，它恰好反映了一种向左下方或者右上方移动的情绪——情绪移向"我、这里、现在"的状态或者"我们、到处、永远"的状态。如果你认为社会情绪已经上升到顶峰了，而我们现在却正处在情绪下滑期，那么你认为这个顶峰是在什么时候达到的呢？为什么呢？另外，如果你认为社会情绪正在高涨，那么你是否能够想到某个反映"我们、到处、永远"状态的案例呢？

回想第1章"理解社会情绪"中的标题，所有这些标题都暗示了 2011 年 7 月份人们的偏好边界是向左下方移动的。就连乔治·索罗斯也不例外，他向除家人以外的所有人关闭了他的基金（这是一个介于"我"和"我们"之间的决策）。但值得注意的是，2011 年 7 月，人们的偏好边界向左下方移动的现象并没有影响股票市场。

我认为，如果情绪的变动尚未在股票市场中反映出来，那么这时是投资者投资的最佳时机，当然这也需要投资者把握好时间框架。

2.2 社会情绪高涨时的合理决策

利用偏好边界的三个维度的理论，分析人们在信心高涨（情绪向右上方移动）时所做的决策，我们可以得到以下特点：

- 时间边界越来越长，更多的持久性（时间维度）。
- 空间扩散且探索的范围越来越大，更加全球化（空间维度）。
- 越来越多的包容性，对别人的信任增加，更加慷慨，欣然接受日益增加的组织化、复杂性、创新以及规模化（关系维度）。

尽管不能一一列举，但是这里提供了一些例子，它们都与信心高涨的环境以及偏好界限的三个维度的理论紧密相关。

对公司而言：

- 收购——投资地产、工厂以及设备。

- 与雇员签订长期合同。

- 部署实时存货管理体系。

- 海外市场拓展（市场的探索与部署）。

- 进行商业合作与组建合资公司。

- 多样化。

- 制订积分卡以及股票奖励计划。

- 部署技术创新战略。

- 增大财务杠杆或者股票回购比重。

- 实行商务合作或者协会的会员制度。

对于金融机构而言：

- 更积极的贷款定价策略。

- 更宽松的担保标准。

- 绝对资本减少与新型混合资本增多。

- 更多依靠短期融资。

- 持有更多的逐日盯市型债券。

- 更强调交叉销售的主动性。

- 更为期望取消管制。

- 标准化规则增多，特别是涉及跨行业的规则。

- 广而告之其全球化能力。

对个人而言：

- 更多信用消费。

- 更多股票所有权。

- 更大的住宅，更多的住宅所有权。

情绪，冰与火

- 更多人进入四年制本科大学学习。

- 更多地参加社区活动。

- 更多的慈善行为。

对政治机构而言：

- 更多妥协，更注重集体性成功。

- 重新大选与任期延长。

- 双边合作关系增加。

- 多边合作协议增加。

- 更少的关税，更少的移民障碍。

- 汇率管制减少。

从上面列举的例子中可以看出，当我们在情绪高涨的状态下决策时，我们的偏好边界在时间、空间和关系三个维度上的扩张是何其明显！同时，希望以上事例可以帮助大家理解信心增强相当于促进经济增长的飞轮，这个飞轮会对个人决策和公共决策发挥积极的驱动作用。

信心增长会改变人们的时间偏好，进而影响人们的决策，这种传导机制对经济发展的影响最为明显。当社会情绪处于低谷期时，人们会严格按照当前收入做经济决策（在严重的经济困难时期，人们甚至认为自己的收入也只是暂时性的）。

随着情绪状况的改善，长期财富带来的确定性会逐渐取代短期财富带来的不确定性。虽然经济学家将这种现象称为财富效应，但是我更倾向于将之视为情绪高涨效应。高涨的情绪推动了我们的偏好边界向外扩张（如图2-4所示）。

38

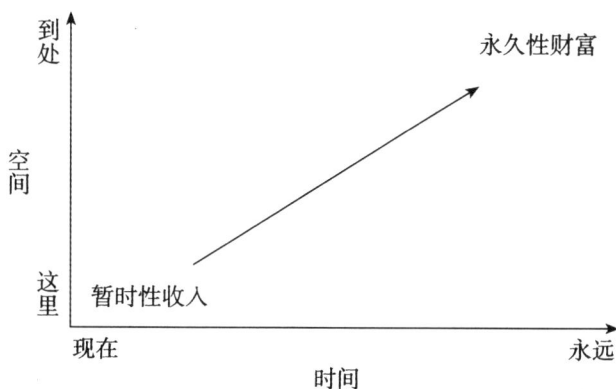

图2-4 真正的财富效应

资料来源 Financial Insyghts。

我认为这一点是很重要的，因为所谓的财富效应影响的并不仅仅是人们的消费行为，它还会改变人们的借贷行为（当情绪处于高涨期时，消费者更渴望信贷，银行更渴望拓展业务）。投资行为也会受到影响，不论是个人投资还是公司投资都呈现出更多可预见的风险。

我们将在本书第8章"社会情绪与当今市场：我们身处何方"中继续讨论这一问题，现在让我们考虑一下近30年来我们在个人或者公共领域中所做的某些决策，这些决策都反映了我们对财富的确定性信心满怀。由于对未来持积极的态度，大量的投资涌向房地产、航空产业以及消费品。

高涨的情绪会顺势推动人们的投资，因为高涨的社会情绪会产生乘数效应，其表现为销量增加、成本降低以及市场扩张。这一影响在市盈率（P/E）这一具有预见性的指标上表现得最为明显。由于偏好边界向外扩张，我们的视野也会跟着扩张——在时间和空间维度上都可以体现出来（表现为更长久、更大规模的增长），同时（随着社会信用增长）贴现率的降低也表明未来具有价值投资机会。

图2-5是来自摩根大通的数据，数据表明消费者的情绪与预期市盈率之间的相关性是统计显著的。

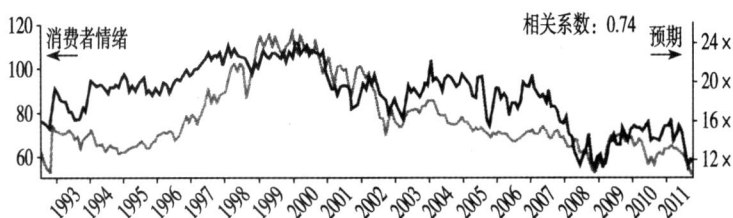

图2-5　情绪与预期市盈率之间的相关性

资料来源　J. P. Morgan。

这对我而言是非常有意义的，正如我之前所注意到的，投资者信心与股票价格都具有前瞻性。

20世纪50年代与60年代初期

正如马克·吐温的作品记录了历史的规律，我们也可以从历史中选择一段时期，在这段时期中人们的决策明显地受到高涨的社会情绪和向外扩张的偏好边界的影响。我认为最好的例子是20世纪50年代末到60年代初的这段时间，这期间电视机在全国投放生产，飞机在美国乃至全球飞行。这期间还出现了第一位（也是迄今为止的唯一一位）信奉天主教的爱尔兰裔总统（约翰·肯尼迪），还发生了一系列重大事件：星球大战计划、肯尼迪计划将人类送上月球、马丁·路德·金发表演讲"我有一个梦想"、民权运动取得跨越式发展、野马汽车投放市场、大型跨国公司兴起。例如，国际电话电报公司

（ITT）在20世纪60年代独自兼并了300多家公司，其中包括喜来登宾馆（Sheraton Hotel）、神奇面包（Wonder Bread）、哈特福德保险公司（Hartford）甚至阿维斯出租车公司（Avis Rent-a-Car）。这是"我们、到处、永远"状态下人们信心水平的全面体现。但是，想想那些拥有如此信心水平的投资者，他们确实值得拥有这样复杂的大型跨国公司。

这并不意味着这段时期没有糟糕的事情发生。这期间，有战争、政变以及一系列的负面事件发生。但是值得注意的是，即使是在肯尼迪总统被刺杀的当天，股票也仅仅下跌了2.9%——与之前几年中的下跌相比这并不算什么，而且股票在下一个交易日又上涨了4.5%，这是整个20世纪股票市场日收益最高的一个交易日，而且股市持续高涨，在接下来的一年中收益率高达25%。①

确实，总统被刺杀之后，整个世界都变得悲伤起来——这是人们对悲剧事件正常的情感反应——但是真正驱动人们做出决策的还是高涨的社会情绪。我认为这是区别人们的情绪/信心与情感行为的最好例证。

最后，说一下最近选出来的20世纪60年代的一些电视剧，像《广告狂人》、《泛美之旅》甚至《花花公子俱乐部》，其剧情恰好反映了我们自己的生活、我们今天的情绪状况。往日的美好在今天传奇般重新上演，对我而言这是最大的巧合。

---

① Jason Zweig, "What We can Learn from History," Money, p. S4, Fall 2001.

2.3 社会情绪低落时的合理决策

尽管高涨的社会情绪就像飞轮一样，促使人们的偏好边界向外扩张，但是低落的社会情绪对偏好边界的影响犹如逆水行舟。

具体说来，在低落的社会情绪中，我们的决策具有以下特点：

- 时间边界越来越短，越来越觉得事物是暂时性的（时间维度）。
- 空间收缩程度越来越大，民族主义或者地方主义抬头（空间维度）。
- 越来越多的排外性，资格审查增加，更加自我，越来越不接受日益增加的复杂性、创新以及规模化（关系维度）。

这些特点是如何体现的呢？

对公司而言：

- 资产剥离，工厂关闭，业务合并。
- 工作机会减少，短期工作合同取代长期工作合同。
- 部署预防性存货管理系统。
- 删减市场和生产线。
- 商业合作伙伴、供应商、顾客之间关系紧张。
- 诉讼。
- 流水线，简化生产，注重传统技术。
- 注重风险管理。

- 更多应用股权融资，注重资产负债表上的现金。

对于金融机构而言：

- 更严格的贷款审核条件。

- 厌恶风险。

- 更高比重的绝对优质资本。

- 强调流动性。

- 逐日盯市证券减少。

- 监管违规行为，监管价格。

- 决策考虑地方特性。

对个人而言：

- 现金购物或者用借记卡购物。

- 投资债券。

- 租房居住。

- 选择公立大学教育。

- 发生动乱。

对政治机构而言：

- 领导人走非正常路线进行选举。

- 极端主义。

- 政党矛盾。

- 民族主义增长。

20 世纪 60 年代末与 70 年代初

如果说 20 世纪 50 年代末和 60 年代初社会情绪高涨，那么 20 世纪 60 年代末 70 年代初则恰恰相反。那个时代，报纸头条充斥的是"水门"、"受伤的膝盖"、"肯特州"、"五角大

情绪，冰与火

楼文件"以及"芝加哥七人"等。中央情报局在智利的活动受到国会的调查，国际电话电报公司也卷入调查当中。阿波罗计划在美国将第一个地球人成功地送上月球的 3 年后停止了。大学的入学率降低，劫机事件激增。从 1972 年 8 月起，美国航空公司开始对行李实行安检。士兵从越南战场上疲惫而归。参议员亨利·杰克逊（Henry Jackson）谴责埃克森石油公司违背石油禁令，公然违背国家利益牟利。①

前两年，好莱坞翻拍了电影《大地惊雷》（1969）与《人猿星球》（1968），回想一下这两部电影是如何描述我们今天的情绪的。就像 1968 年的电影《活死人之夜》，那样的僵尸在今天的电影里似乎随处可见。《70 年代秀》怎么样呢？不错，它涵盖了 1976—1979 年，但我感觉它除了有点趣味外，并没使那个年代传奇化，现在我们对这场秀的拙劣之处笑而不语。最后，虽然美国公共广播公司（PBS）的成名之作《唐顿庄园》取得了巨大成功，但它却与 1971—1975 年之间的《楼上楼下》太像了。我们不需要谈论"规律（rhymes）"，只需要找一部电视剧，它 99% 的内容反映了经济的迅速回复，只有 1% 的内容反映了"占领华尔街"运动。

社会情绪是一种集体的体验，它可能是正面的，也可能是负面的，这一点对于企业管理人员和投资者都是尤为重要的。制造设备发生的事、政治会议上的事、百老汇舞台上的事，或者剧院上映的节目，甚至大街上发生的事都有可能影响并催生

---

① Daniel, Clifton, ed. *Chronicle of the 20th Century* (Mount Kisco, NY: Chronicle Publications, 1987), 1074.

股票市场潜在的某种情绪。

回首 2011 年 8 月，股票市场急剧下跌、华盛顿的党派偏见毕露、汽油消费急剧下降（达到十年最低）、伦敦骚乱，这些都不是偶然事件，这是人们的偏好边界下滑到左下方带来的一系列后果的集中爆发，如图 2-6 所示。这时候人们的偏好边界的三维位置是"我、这里、现在"，不论是从政治、经济还是社会角度，都在这个点上。因此，这时 FTSE 100 指数跌到一年的最低点也就不足为奇了。

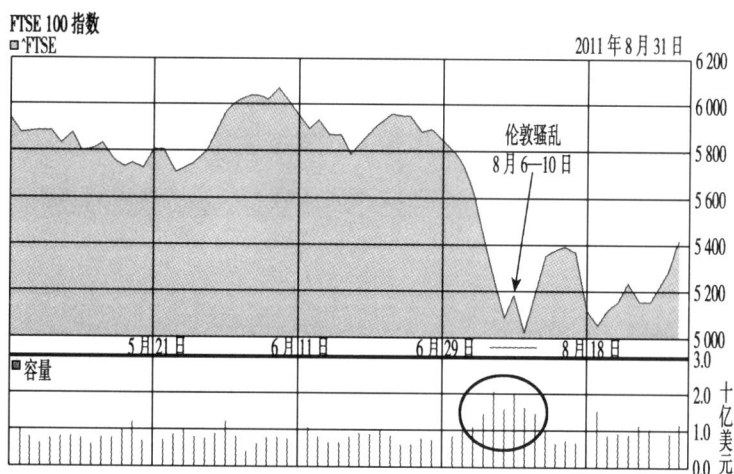

图 2-6 伦敦骚乱与 2011 年 8 月 FTSE 100 指数低谷

资料来源 Yahoo!。雅虎公司授权改编，雅虎公司持有版权。

银行与低落的社会情绪

我个人认为，银行业是受低落的社会情绪影响最大的行业。低落的社会情绪会给银行业带来一个资产价值缩水叠加债务膨胀的"毒瘤"，这时因为每个人都没信心，因此市场所有参与者，不论是管理者还是存款者，都希望银行能够持有更多的资本金。

过去 3 年里，在这方面没有哪家公司比美国银行表现得更为明显了。在资产方面，由于信心降低，人们的信贷需求减少，同时由于执行更严格的信用审核标准以及人们的风险厌恶提高，违约行为增加。逐日盯市的证券已经跌破面值，交叉销售也会减少。最后，银行受制于管理层和大众情绪的压力，不能提高价格，而银行借记卡每月 5 美元的卡费会在这时招致消费者和公众的强烈不满。

金融危机时期，在银行资产负债表左边，银行的成本会增加，因为这时候不论存款者还是贷款者都要求更高的收益，而银行则希望将自身的债务延期，以保证流动性和降低风险。因此，这个时候会引起很多诉讼，银行的资产负债表上的债务也会相应增加。

最后，管理者和市场会不断寻找更多高质量的股票，迫于这些压力，美国银行为了弥补缺口不得不卖掉资本金范围内的获利项目或者其他投资。

银行高财务杠杆（即使在经济环境比较好的时候，银行的财务杠杆也可能会是 10：1 或者 12：1），以及对资产缩水、债务膨胀的敏感性，会使得银行很容易受到低落的社会情绪的影响。投资者能够意识到这点是非常重要的。因此，社会情绪低落通常首先在银行业中反映出来。银行应对这个巨大挑战的表现对未来经济发展具有指示作用。

当然，上面的逻辑反过来也是成立的。当社会情绪触底反弹的时候，价值缩水的压力也会得到释放，随之而来的是价格增长。例如从 2011 年 12 月底到 2012 年 3 月中旬，随着社会情绪高涨，人们对金融风险的顾虑减少，在不到 3 个月的时间里，美国银行股票价格翻了一番。[①]

2.4 社会情绪低迷期的机遇

很多投资者认为社会情绪低落时，人们对待很多事情也会变得消极，整个市场会变得萎靡不振，但事实未必如此。脸谱公司（Facebook）和网飞公司（Netflix）在 2010 年和 2011 年就表现得非常好。这就是在社会情绪低迷时期，公司实行"我、这里、现在"投资策略的表现，如图 2-7 所示。即使是着眼于提供地方优惠券的团购网 Groupon 公司的偏好边界也下滑到了左下方。同样，尽管美国住宅支付能力和利率都比较低，当美国租赁市场开放时，美国多户式住房还是呈现出一派繁荣的景象。最后，枪支制造商斯图姆·鲁格（Sturm Ruger）以及第一现金服务公司（First Cash Finacial）的股票成为美国股市的领跑股也不足为奇。

低迷的社会情绪可以为采取"我、这里、现在"这样战略的人提供机会，而且并非只有投资者在利用这一机会。就在 2011 年 8 月，伦敦发生骚乱的同一周，《华尔街日报》注意

---

① Peter Atwater, "Banking on a Recovery: Understanding the Mood-Driven Decompression Trade," www. minyanville. com/sectors/financial/articles/compression-trade-decompression-trade-peter = atwater/3/22/2012/id/40026 # ixzz1tkM458w. March. 22, 2012.

到，一向追求全球成本最低①的沃尔玛，为了迎合这些参与运动的人的偏好，开始销售当地水果和蔬菜。

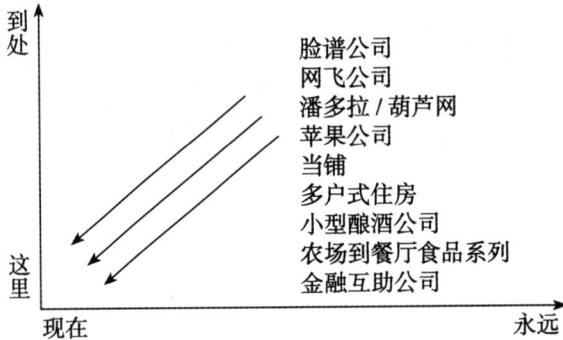

图 2-7　2011 年"我、这里、现在"社会情绪状态下的合理商机

资料来源　Financial Insyghts。

最后讨论一下，苹果产品前边的"i"。虽然这个"i"本来取自单词"internet"，但是面临当前社会情绪低迷时期，恐怕大家会将这个"i"理解成"I"，即"我"的意思，与"我的 Mac 电脑"、"我的手机"、"我的钱包/电视"中的"我"相差无几。在社会情绪低迷的时期，苹果公司做到了将产品与顾客的"我、这里、现在"这种偏好结合，而且在美国做得比其他任何国家都要好。

2.5　结　语

尽管有些人可能会争论说这纯属巧合，但在我看来，我们

---

① Miguel Bustillo and David Kesmodel, "'Local' Grows on Wal-Mart," *The Wall Street Journal*, August 1, 2011.

在政治、社会、金融乃至文化方面做出的一些紧密相关的决策，恰恰反映我们在时间、空间和关系维度上的偏好边界，而这又恰恰说明我们的情绪是至关重要的。这也正是历史规律和多维分析的意义所在。

高涨的社会情绪会促使我们向外扩张偏好边界，反之，我们会向里收缩偏好边界。幸运的是，有很多信号或者标志性事件可以告诉我们情绪所在的位置，以及将要变化的方向。如果你知道你要找的位置，那么生活中处处可以找到相应的信号——希望前面列示的例子对你有所帮助。

而且我发现，通过关注测量社会情绪的可观指标，以及那些反映高涨的或者低落的社会情绪的标志性事件，我们可以一直保持对市场上的情绪有一个清醒的认识。

接下来的问题是：如果我们知道自己在沿着一条上升或者下降的情绪曲线移动，那么我们怎么才能知道我们是否已经到达了顶峰或者低谷呢？在参与市场交易时，我们如何利用社会情绪来最小化我们的风险呢？

要回答以上问题，我们需要先从下一章"市场高峰"谈起。

第 3 章

市场高峰及其危险信号

写完《从优秀到伟大》之后，吉姆·柯林斯又写了《强大企业的兴衰》，这本书描述了企业衰退的轨迹。在《强大企业的兴衰》中，他写道：

我们推测企业会从强大走向衰退，是因为它们开始变得自满起来——它们不再鼓励创新、不再表扬勇敢行为、不再提倡变化，而且它们开始变得懒惰起来——白白浪费时间。这个理论看似讲得通，但是有一个问题：这与我们的数据不相符合。当然，任何拒绝改变、不愿创新的企业最后都会走向没落。但奇怪的是，我们所分析的衰败的企业并没有表现出自满行为。或许不自量力能够更好地解释为什么有些企业一旦取得骄人的成绩后就走向了自我毁灭。①

确实如此。在企业极度高估自己的成功，又对自身充满信心时，就会对未来抱有很大的幻想。这种情况下，企业难免会把自己捧到天上去。这些企业看到的全是机遇，并将自己定位在"我们、到处、永远"上。

3.1　概念股泡沫

虽然在过去20年中，我们经历过很多次情绪高峰期，而且大多有泡沫相伴，但是却很少有人将概念股泡沫中的主观确定性与网络泡沫中的主观确定性作对比（概念股是指那些处于起步阶段的网络公司，它们收入很少或者没有，它们只是一些观念——像Pet's. com以及网络快车（Webvan）这些公司，前者在网上卖宠物，后者在网上卖杂货）。

我喜欢谈概念股的泡沫（见图3-1），并不仅仅因为其中很多公司的滑稽行为，还因为那些公司描述的当时投资者的主观确定性。在股市泡沫顶峰，投资者对互联网转型信心满怀，以至于他们认为任何基于互联网的东西都将带来利润。Heck和Webvan甚至说服了当时安达信咨询公司（现埃森哲）的CEO乔治·夏新（George Shaheen）辞掉自己的工作，到这些创业公司担任CEO。

在网络泡沫的高峰期，很多公司走向了公众化，人们不会

---

① Jim Collins, *How the Mighty Fall*（New York：Harper Collins，2009），46–47.

情绪，冰与火

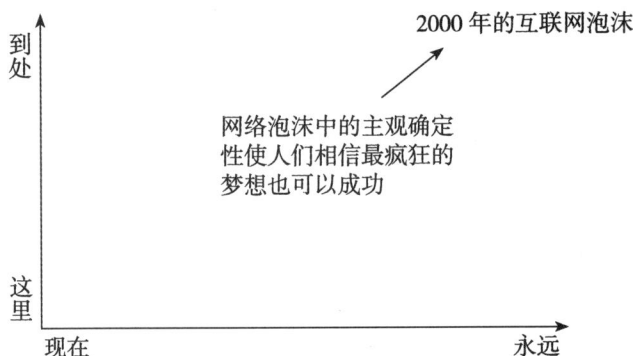

图 3-1　为什么 2000 年概念股的表现是合理的？

资料来源　Financial Insyghts。

想到会有什么损失。因此，也不必担心当前的收益。那是一片梦幻之地，只要你创建了它，你就会得到所有你想要的东西，乃至整个世界（整个太阳系），而且可以长久地繁荣昌盛。

最近我曾与一位朋友谈论网络泡沫的问题。她告诉我在网络泡沫的最高峰期，她曾向公司申请一个投资机会，而当时她其实对那个投资机会一点概念都没有。与其制定一个投资策略，她觉得还不如花钱雇一个人替她出主意。

其实这就是典型的主观确定性！

我们总是在重蹈覆辙。我在 2008 年做一个关于市场恐慌的调查时，偶然发现了引自爱德华·M. 谢巴德（Edward M. Shepard）1880 年写的《马丁·范布伦的生活》（*The Life of Martin Van Buren*）的一段话：

如果伊利运河在 1852 年竣工了，大量的自然资源就可以开发了，运河建造者也因之声名大噪了，那么还有什么理由不喜欢引领人们走向繁荣的西进运动呢？铁路已经开通了，之前的拓荒计划充满了无尽的希望。到 1830 年，已经修建的铁路长达 23 英里，到 1831 年又修建了 94 英里，到 1836 年，该铁路的总长度达到 1 273 英里。①

"前景无限"，极端的想象，诗化的历史，铁路、运河、互联网……我们一直在这样做。殊不知，我们可能走得太远了。

3.2 神 话

既然在泡沫的顶峰期，我们总是重复做同样的决策，那么我们为什么不让自己停下来，为什么不阻止自己犯同样的错误呢？我想这里面还是有些原因的。

首先，每个泡沫背后都隐藏着这样一种坚定的观点，我且将之称为"神话"：它非常具有吸引力，而且如果这个观点是错的，那么投资者投资的整个前提就会受到质疑。这个观点可能是"互联网将会持久地改变这个世界"或者"中国将会主宰世界经济"或者"西方政府是最安全的，它们的主权债务不会违约"。

这个神话要么是正确的，要么是错误的，不会是含糊不清、模棱两可的。不论多虚伪的人都相信这一点，这是不言而喻的。

但是值得注意的是，在泡沫的顶峰，会有很多的数据或者

---

① Edward M. Shepard, *The Life of Martin Van Buren* (Boston: Houghton, Mifflin Company, 1888).

经验支持这个神话，甚至能证明这个神话是确凿无误的。在一个商业化的环境中，一个成功的案例会传播得非常快，会涉及整个产业链，会传到雇员、客户、供应商、分析人员、投资者、政府官员、监管者等人那里，甚至连那些质疑者也会卷入其中。

在泡沫顶峰，人们关注最多的是"我们"，而不是"我"，这时候人们对这个神话不仅持肯定的态度，而且坚信这个神话在未来会变得更加美好。同时，人们也关注"到处"，人们会认为机会没有地域之分、没有行业之分、机会无处不在。

为什么那些怀疑者最后也屈服了呢？我觉得还是我们的群居本性和生存本能在发挥作用。想象一下，作为一个怀疑主义者，你会看到身边的人都对未来信心满怀，而且现在大量的财富正涌向他们，他们高兴地向你炫耀，提醒你你的观点是错的。我想这时的你一定不会舒服，一定感到很孤独。

因此，不论是股票、商品还是整个市场，我觉得高峰期间的情绪同中学生一样：大呼喊叫、自负炫耀，这时候持怀疑态度的人不仅会被冷落，他们甚至会遭到公众的诋毁。这就像是在不断地重复七年级的青涩生活，人们在一个黑白分明的世界中随大流行动。

在顶峰期间，那些暗示价格会下跌的人不仅仅是没有信仰的人，他们也是被大众冷落的反对者。

3.3　放弃风险管理

在泡沫高峰期，人们第二种行为特征表现在风险管理领域。在泡沫顶峰时，公司领导往往会公开取笑内部风险管理人员，认为风险管理会妨碍他们的生意。更有一些极端的 CEO 会越权管理公司的风险团队，取消一些风险防护措施，大胆地签订长期看来会持续增值的合约（在商品或者能源市场泡沫高峰期，这是很普遍的行为）。

虽然人们的主观确定性在泡沫高峰期比较明显，但是稳健的风险管理方式在这个时候并没有沦落到被抛弃的地步，只是在那个神话面前稳健的风险管理方式看起来不必要而已，我个人对这种现象还是比较感兴趣的。与其将那个神话带来的结果看做是一个长期的意外事件（特别是相对于商业的自然周期而言），公司管理者以及投资者更愿意相信当下是一个比较特殊的时期，人们越来越热切地把刚刚创下纪录的结果推演到将来。在泡沫的高峰期，他们错误地将运气当做了技能。

"如果无缘无故就能够升到这么高，那么在没有外部变化的情况下，趋势线会继续升高！"很显然（事实上也可能没有这么显然），大部分的董事会成员都会这样认为。与其持稳健态度，充当怀疑者，还不如拥护公司领导的决定，而且这样比较容易获得股票溢价和股票期权奖励。

信心满满的并非仅仅是董事会。有一点是非常重要的，那就是，在泡沫高峰时期，监管者、债权人、评估机构以及其他关注风险的机构的行为都差不多。泡沫高峰期，放弃风险管理是一种群体行为。

曼氏金融集团①

我恰好在曼氏金融集团（MF Global）倒闭之前写了这些对风险的评价。虽然揭示曼氏金融集团倒闭的具体原因还需要几年的时间，但是我非常怀疑所谓的神话是否存在——曼氏金融集团的CEO乔恩·科尔津（Jon Corzine）是一个伟大的商业领导者和冒险家——放弃风险管理对这个公司的倒闭起了重要的作用。

3.4 组织复杂化

泡沫高峰期间的第三个特征就是公司规模庞大、组织复杂化，不论是通过大规模兼并还是地域扩张，或者非战略性的增加（公司管理层可能没有经验）。在泡沫顶峰期，公司似乎都相信天命扩张论（Manifest Destiny，又译为天命论、美国天命论、神授天命、昭昭天命、命定扩张论等）：它们需要壮大，要超乎寻常地扩张（记者约翰·苏利文在1845年的一篇文章中介绍了天命扩张论，巧合的是，当时正值1812年牛市结束的时候）。股权兼并可能预示着泡沫顶峰期最黑暗时刻的到来，这个时刻，类似"我非常相信我可以同时兼任几家公司

---

① 曼氏金融集团是世界最大的期货交易商，也是世界最大的证券市场公开上市的对冲基金运营商。美国当地时间2011年10月31日，曼氏金融集团向法院提交了破产保护申请，成为欧债危机冲垮的第一家美国大型上市金融机构，也是自2008年雷曼兄弟破产以来最大的破产金融公司。

的 CEO"的想法正好反映了"我们、到处、永远"的情绪
状态。

国际电话电报公司（ITT）是组织规模复杂的典型案例，
在 20 世纪 90 年代，国际电话电报公司的业务范围已经延伸到
配电盒和出租车。20 世纪 90 年代的泰克公司也是如此（在全
球化拓展过程中，在泡沫高峰期泰克公司曾用过"泰克制
药"、泰克国际有限公司（曾设离岸公司总部）之类的名字）。
这两个公司并不是个例。我在银行工作过多年，也见证了很多
国内商业银行转变为国际银行的复杂例子，这些转变也大都发
生在泡沫高峰期，那个时候银行业相信它们能够提供全世界任
何一个地方、任何一个人需要的产品。

当人们的情绪高涨时，人们特别容易相信机会存在于每一
个角落。他们相信最终会有收获，因此他们乐此不疲地增加复
杂性。

3.5　幼稚的新手

泡沫高峰阶段的第四个特征是幼稚的新手。正如前面所讨
论的，泡沫高峰阶段人们会变得自大傲慢。高峰反映的是一种
社会情绪漩涡。最后进入市场的人往往是最幼稚的，也许很多
人并不认同这个观点。新手进入市场并不是因为他们了解市场
背后隐藏的风险（泡沫高峰阶段，已经进入市场的交易者会
忽视这种风险），而是因为他们只看到了机遇，他们羡慕别人
赚取了财富。他们太相信所谓的神话，太相信周围人的判断。

就像开车，当他想知道前面发生的事时，他们不看车的前窗玻璃，而看后视镜。他们根据周围人的信心水平做出购买决策，他们总是步别人后尘。

美国房地产泡沫就是一个很典型的例子。在房地产泡沫顶峰时，新的市场参与者如飓风般涌入房地产市场，他们遍布市场的各个角落，包括建造商、评估者、借款人、发起人以及贷款人等，在房地产行业的每一个角落都有外行人在涌动。网络泡沫时期也是如此，因为房屋装修工人都停止手中的工作变成日间交易者了。

在泡沫高峰期，我在银行业也看到了很多类似的新市场参与者。从 2000 年瑞士联合银行（UBS）在错误的时间收购了美国的潘恩·韦伯投资公司（Paine Webber），到汇丰银行（HSBC）收购消费信贷公司（Household），兼并开始变得贪得无厌。在泡沫顶峰，兼并就像是盖在褶皱的书上面的封皮，《华尔街日报》就像是一个 CEO 的荣誉徽章，一个公司兼并的业务与它的历史核心业务越不相关，兼并就越成功。

我认为投资者最应该做的事是，经常评估行业参与者的行为——从管理者到供应商再到投资者，同时还要客观地评价他们的经验。当行业中的人们普遍称赞某一项目而忽视了项目背后的风险时，就需要个人仔细加以分析。如果新的投资者在市场疯狂增长的时候进入，那么他们就会表现得单纯而有信心。事实上，这样的投资者是市场的一盏黄灯，他们可能在提示人们所谓的神话的前提假设可能是不正确的。在泡沫高峰期，人们往往会放松对风险的管理，这时候刚进入市场的那些幼稚的

新手很有可能创造机会，将经济发展过程中某一行业推离正常
的发展轨道，偏离严重之时，会超出所有投资者的预期。

3.6 信贷、建筑以及泡沫顶峰的其他信号

最后，泡沫顶峰的第五个特征是过度利用债务杠杆以及贷
款。与股票相比，贷款反映了债务人与债权人对经济的乐观态
度。情况越是极端（主要表现为财务杠杆上升，债务应用增
多，尤其是短期债务，融资活动应用了股票回购以及红利
等），越能反映放弃风险管理的倾向，这甚至已经演变成一种
广泛的系统性做法。

还有很有其他标志。我已经在金融业工作了很多年，银行
的新总部大楼屡见不鲜。人们一贯认为，总部大楼看起来越豪
华、特立独行、不现实，越好！

比如 20 世纪 70 年代在市场开始膨胀的时候，花旗银行选
用四个底柱以及四角屋顶的建筑风格（如图 3-2 所示）来建
造花旗集团总部。

如今，达拉斯州上空的航线下布满了已经破产的银行建
筑，像 Interfirst、Mcorp、Texas Commerce、Allied Bank 等，它
们都是城市的高层建筑。

苹果公司的新产业园设计得让人抓狂，伦敦创建了破纪录
的沙德塔楼（Shard），沙特阿拉伯阿尔瓦利德王子在红海沿岸
建立了破纪录高的摩天大楼，并将其作为 200 亿美元发展计划
的一部分，对此我深感迷惑。像之前的帝国大厦、世贸大楼以

图 3-2　花旗集团总部

及迪拜塔都暗喻了一种警示。

　　并不是我一个人这样认为。当苹果将新的公司总部设计公之于众时，《纽约客》的建筑评论家保罗·戈德伯格的观点是这样的：

　　当公司野心勃勃地建造奢华的总部时，它是在彰显一种傲慢的霸气。美国电话电报公司（AT&T）在模仿约翰和伯吉在麦迪逊大街上建造的奇彭代尔式摩天大楼（Chippendale

skyscraper）不久后就破产了；通用食品公司采用的凯文·洛奇为威斯特彻斯特郡设计的玻璃金属建筑构造也没有维持多长时间；联合碳化公司在搬到康尼狄格州的丹伯里的另一座罗奇建造的建筑后，公司也变得四分五裂。《纽约时报》搬进第八大道的一座由伦佐·皮亚诺设计的建筑后，其股票价格直线下跌，现在《纽约时报》将自己原先的办公楼租了出去。

建筑本身不是公司没落的一个原因——如果这样认为的话就太可笑了——但有时过于奢华的建筑暗示着公司已经脱离实际了，这也会在其他方面显示出来。①

公司的专机以及行政人员的生日派对也都是能够反映一个公司经营状况的事件。

虽然"越多越好"的原则对某些事情是正确的，但我认为像公司专机、豪华生日派对等都是公司实时传送出来的危险信号。信心是一回事，但主观确定性却是另外一回事。

黄金热

举一个比较容易理解的近期的例子，即黄金热。最近的广播都在向投资者宣传黄金，强调黄金作为一种贵重金属，兼有抵御通胀和紧缩的功能。在如今纸币币值不稳定、市场动荡的情况下，黄金的价值稳定，坚如磐石。

当黄金价格升高时，投资者对黄金的信心提升，投资者就容易从更长期的角度评估黄金，做出更久远的决策。这个传导机制是比较有趣的。到 2011 年 2 月，黄金价格刚刚翻番，《华

---

① Paul Goldberger. "Apple's New Headquaters," *The New Yorker*, September.

情绪，冰与火

尔街日报》曾报道摩根（J. P. Morgan）宣布开始将黄金视为商品和金融交易的抵押品，通过这个公告，摩根传达了这样的一层意思：黄金的价值稳定，坚如磐石，它甚至可以与美国3A级国债相媲美，这将黄金推到各种资产的最高位置。

黄金热与房地产泡沫时期家庭放贷现象很相似，现在我们认为当时的家庭放贷现象并不理性，因为借款人购买的股票在房地产市场上很快就可以获得升值，而这些股票很容易就可以被再次兑换成现金。《华尔街日报》称赞"黄金价值非常稳定，可以与3A级国债媲美"，我想它一定不是在预言6个月之后，3A级国债将不再是3A级！

也有其他信号预示黄金已经处在顶峰时期。之前，当地报纸会用1/4的版面刊登有意愿购买黄金的公司，到后来版面增加到两三页，而且越来越多的公司竞相购买黄金。杂货店前的小摊上也挂出了"兑换黄金"的牌子，这些店主大都不明白这种兑换背后的风险，他们看到的只有机遇。

更有意思的是，在泡沫时期，我们是无法区分贪婪和恐惧行为的。交易者做出购买决策的原因有所不同，如果他们认为还会有人比他们更需要黄金，他们就会购买；如果他们认为其他市场有衰退迹象，他们也会选择购买黄金来保值。总之，各有各的理。

最后，我的一个朋友CEO哈里森（Todd Harrison）在2011年发表在Minyanville.com上的一个专栏文章引起了我的注意，他在文章中说，他认为黄金市场的泡沫顶峰到了。然而，就像以前我看到的现象一样，他也遭到了大众舆论的攻击，那种谴责远比中学时代的猛烈。

究竟2011年8月份的高峰是最后的顶峰，还是仅仅是上升过程中的一个顶峰，我个人并不知道（从8月份的高峰到12月份的低点，黄金价格下跌了20%）。但我更关注那时的一些现象：对所谓的神话的深信不疑，充满傲慢的主观确定性，幼稚的新手，高价格推动的贷款膨胀等。8月份已经很接近顶峰了，如果到了顶峰，所有的一切都将化为乌有，这时候也就不用区分是恐惧还是贪婪了。委内瑞拉总统乌戈·查韦斯甚至宣告要将散布在国外的99吨黄金全部运回国内。

对我来说，这很可能是高涨的社会情绪即将下行的信号，就像曾经的即时消息预示的那样。

3.7 为什么会有不同的投资高峰？

投资高峰期间人们的情绪会存在一些问题，人们会表现为行为过激以及主观确定性越来越严重，吉姆·柯林斯（Jim Collins）认为这种情况下过激行为是难免的。当所谓的神话不再是真实的事，高峰点恰好与市场饱和点重合，再也没有额外的投资者进入市场时，真正的泡沫顶峰就会形成。

刚开始，投资者会认为价格下降是买入点而且前面所提到的问题可以避免。但是投资者未能意识到的是：他们的基本投资的效用函数与潜在投资的效用函数是不一样的。就像鲍勃·柏彻特（Bob Prechter）在他的《人类社会行为的波浪理论》（*The Wave Principle of Human Social Behavior*）描述的：

情绪，冰与火

经济学最基本的假设是：价格是供给和需求的函数，这一点在金融领域也得到了广泛的应用。然而，投资品的定价机制与商品和服务的定价机制完全不同，投资品的定价机制是很残酷的。当商品和服务的价格上升时，购买的人数就会减少；反之，当价格下降时，购买的人数就会增加，这样就保证了供需平衡。然而投资与之相反，当一项投资品的价格上涨时，对应的需求量也会上升；当投资品的价格下跌时，需求也会下跌。这不是金融市场的异象，这种现象是经常发生的。[①]

我认为这条准则是非常重要的，因为在这条准则下，高峰形成了很重要的一个点，在这个点上，投资者的成本与价格之间的距离远比他们自己想象得要近。也就是说，在这个点上，只要价格略微下降，大部分投资者的利润刹那间就会转变为亏损。同样，如果人们的信心动摇，价格就会降低，随之而来地就会使交易量减少。价格降低本身不足以拖垮投资者，但是投资者的信心如果一直处于低谷状态的话，价格就会一直下降。我会在下一章中继续讨论这一问题，这一点是至关重要的，特别是当我们讨论信贷的时候，之前我们也有过一些评论。在泡沫的顶峰，你看到的不仅仅是投资者在高价购买，你还应该看到他们的高负债状态。这样看来，当泡沫破灭时，不仅投资者要丧失他们的全部资产，而且那些放贷者（及其监管者）也会经历一个他们不曾预料的困难时期。

---

① Robert R. Prechter, Jr. The wave principe of human social behavior (gainesville, georgia: new classics library, 1999) p. 393.

3.8 后高峰期

众多因素的叠加会促成一个泡沫高峰，泡沫高峰会给投资者带来很多后续的痛苦。人们一直坚信的神话突然间变成了假象；放弃风险管理已经成为一个不争的事实；复杂化失去了控制；幼稚的新手心里充满了被骗的感觉；过度借贷的问题显而易见；根植于主观确定性的幻象也已经随着泡沫高峰的来临而破灭。仿佛人们开始意识到：上帝根本就不存在。我们不再相信上帝，可是我们也不知道还有什么可以相信，我们只有努力奋斗——至少比虚度光阴强。更低的价格也无济于事。

但值得庆幸的是，在泡沫高峰产生"我们、到处、永远"的社会情绪之后，会自然地转向"我、这里、现在"。其后，仔细的调查会增加、盲目的信任会减少。在 2008 年的金融危机中，我们可看到这一点。

在我看来，投资者过激行为的余波、决策向"我、这里、现在"的转变以及本能的自我保护意识这三方面因素的叠加，会使得熊市中价格的下跌速度远远快于牛市价格的上升速度。

3.9 结 语

泡沫高峰，尤其是极端的泡沫高峰下的市场是一幅很壮丽的景象：投资者有很饱和的主观确定性、激进的行为以及那些伴随着"充满希望的幻想"的行为。

情绪，冰与火

　　虽然我们对确定性天然地持有偏见，但是我们必须得承认，"充满希望的幻想"的高峰持续的时间远比我们想象得要久。当人们的信心处于低谷期时，市场会呈现出"V"型（我将会在第6章"社会情绪低谷的标志"中讨论具体的原因）。高峰期时，投资市场走势会更加平滑一些（这里不是商品市场，原因也将会在第6章中解释）。在高峰期，投资者的信心会不断地受到测试，直到最后他们承认那个"充满希望的幻想"给他们带来了痛苦。

　　美联储主席伯南克曾用"可容忍"（contain）（次贷危机时，他用这个词形容他看到的次级贷款问题的严重程度）一词来说明大部分投资者是如何看待泡沫高峰期的风险的，当然这里并非跟伯南克个人过不去。在每一个充满信心的高峰期，人们仿佛认为任何问题都是可以接受、容忍的。

　　事实是，在主要的泡沫高峰期，你会被一次又一次地测试，就像市场的参与人问你"你确信吗?"如果你回答"是"，那么信心继续增长，价格随之被推得更高。当我们开始怀疑，开始降低信心的时候，价格就会迅速下降。

　　在整个泡沫形成的过程中，你会清晰地看到投资者信心从上升到下降的过程，这个变化过程从一开始就在考验投资者的信心水平。

　　在谈论信心的在另一个范围（主观不确定性以及市场低谷）的变动情况前，我们还是先看两个现实生活中的例子：房地产市场以及高等教育。通过之前的理论介绍，你应该能够知道房地产市场的泡沫是如何被完美地构建起来的了，你也应该明白为什么公共政策对房地产行业的救助收效甚微了。然后，我会谈到高等教育的问题，看看高等教育究竟是不是像其他人所说的那样，也是一个泡沫。

第 4 章

房地产泡沫与社会情绪概览

前面我们已经介绍了伴随着经济泡沫的主观确定性的一些特征，现在我们以 2005 年美国房地产行业出现的泡沫顶峰为例，做具体分析。

2000 年到 2005 年，住宅建筑商行业股票表现出的指数性增长，表明房地产市场的泡沫与网络泡沫相似，都是一种短期的现象。但是我更倾向于将 2000 年到 2005 年视为一个周期更长的房地产牛市的膨胀期，这个牛市起于"大萧条"结束的时候。

我之所以持这样的观点是因为如今很少有投资者从长期角度分析自己的行为，而从长期的角度分析问题才是我们真正能够做到的。在经历了 20 多年的科技创新与市场波动后（更不用说当前"我、这里、现在"的看问题的态度），我觉得在分析房地产市场案例时，这个70多年的牛市分析是至关重要的。原因如下：

首先，如果你在"大萧条"刚刚结束时，去采访拥有住房的人，我相信他们大部分都会认为房子是他们的避难所——房子就像是屏障，将不安全因素排除在外。

我之所以关注这一点，是因为它表明在房地产市场处于低谷时期时，决定供需关系的恰好是住宅最基本的功能。人们购买住宅是为了庇护自己（可能是关心生活成本），而根本不关心未来房屋的投资价值（事实上，我认为，在充满主观不确定性的市场低谷期，即使有人从长期看房屋的价格，他们也会认为价格会走低，而不是升高）。

这样看来，就不难理解联邦政府为了维护金融稳定、支持房地产市场发展，而出台了一些计划对房地产市场进行价格干预，如20世纪30年代成立的联邦住宅管理局和联邦国民抵押贷款协会（Federal National Mortgage Association，简称 Fannie Mae，即房利美）。

仔细思考一下，为什么自从20世纪30年代以来，我们对住宅的态度发生变化了呢？20世纪50年代，我们将拥有住房看做实现美国繁荣之梦的标志，同时住宅所有权也被公共政策制定者看做是衡量美国中产阶级经济增长的客观标志。

但是我不认为这个变化就说明，住宅价格能同时反映房屋的基本功能方面的价值和社会地位方面的价值。同时，我们不能忽视的是，也是在那段时间，房利美逐渐从一个完全由联邦政府创办的企业转变为一个混合企业（政府仍持有其一部分优先股），最后在 1968 年完全公众化。房利美变成一个公众公司后，就不仅仅购买政府担保的债券，还购买非政府担保的债券或者私人债券（即使现在看来，私人债券也要比政府担保债券的风险大）。为了保证债券市场的竞争性，刺激人们对债券的需求，国会在 1970 年引入了"房地美"（联邦住房抵押贷款公司，Federal Home Loan Mortgage Corp.，简称 Freddie Mac）与房利美相竞争。

现在停下来想一想，从二战结束到 20 世纪 60 年代，需求与价格的增长、管制的减少、风险（包括金融风险和政治风险）意识的降低是如何体现人们信心的增长的。作为实现美国梦的必要组成部分，住宅所有权成为人人向往的东西，而且似乎每个人都能够从中受益。

4.1 当代房地产金融

面对在 20 世纪 70 年代的高通胀和高贷款利率，房地产也出现了住房抵押贷款证券化，银行通过将住房抵押贷款证券化发放新的贷款，并将这些证券化的贷款出售给那些投资期限和稳定性都比长期贷款好的投资者——吉利美（美国政府全国抵押贷款协会，Government National Mortgage Association，简称 Ginnie Mae、GNMA）担保的抵押贷款，继而又出售给房利美和房地美担保的私人贷款。因此，只要银行能够满足承销机构严格的承销要求，银行就可以创造出高效的模式出售这些证券

化的贷款，这样银行既获得了收益，又转移了风险（20 世纪
70 年代和 80 年代，投资者逐渐适应了抵押贷款的利率和风
险，保险公司就会通过信贷或者久期的方式赚取抵押贷款池中
潜在的现金流）。

20 世纪 90 年代，住宅价格高涨，房地产业出现了分化。
随着价格走高，人们的房屋购买能力受到限制，布什总统和克
林顿总统执政期间，都鼓励担保机构扩大购买债券以及担保范
围，以将中、低收入阶层的民众也包括进来。这个时候，很多
家庭的储蓄都绑定在日益升值的房屋上，银行开始提供住宅净
值贷款、额度信贷以及反向抵押贷款等形式的贷款，通过这些
途径，人们可以将房屋作抵押为他们的教育、度假筹资。

仔细思考就会发现，所有这些公共或者个人领域的努力，
都体现了人们对住宅价格满怀信心。这些努力同时也推动了房
地产市场的繁荣，这种良性循环会传播得越来越快。由于之前
谈到过的"财富效应"（如图 4-1 所示）的存在，越来越多的
美国人意识到房子给他们带来的财富在增加，仿佛这是一笔永
久的财富，于是他们更加大胆地借贷和消费。

另一个支持房地产市场繁荣的因素是低利率（如图 4-2
所示）。住宅购买能力并不仅仅是房屋价格的函数，它还会受
到月支付水平的影响。利率的降低与房屋价格的升高促使更多
美国人选择购买房屋，那些已经拥有住房的人也会选择更换更
大的房子，即使这样，他们的月支付额也不会有很大的变化。

截至 2000 年，房地产的飞轮已经转得非常快了。接下来
形成的就是"完美的梦想"（与"完美风暴"相对），这个时

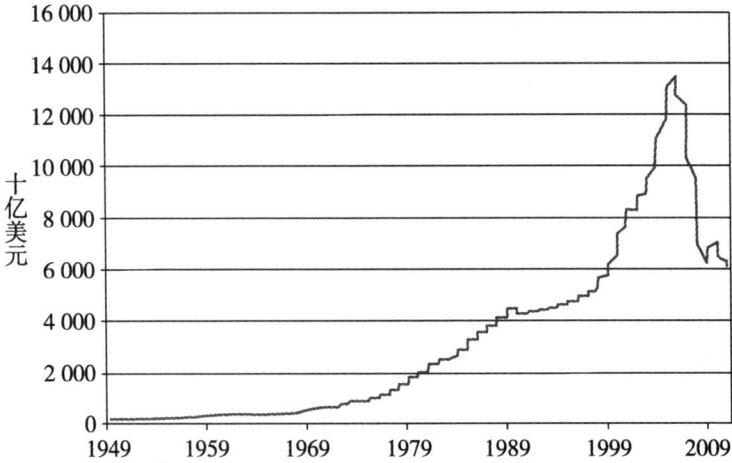

图 4-1　住宅房地产所有权

资料来源　美国联邦储备委员会。

美国银行 10 年期国债利率

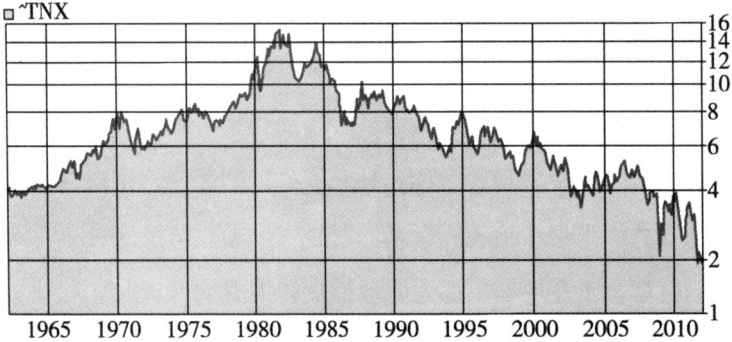

图 4-2　10 年期美国国债收益

资料来源　Yahoo!。雅虎公司授权改编，雅虎公司持有版权。

候所有的有关高峰期情绪的因素都结合到一起，名义贷款利率
急剧下降。

　　这里，所谓的与高峰期情绪相关的因素是指我们在第 3 章
"市场顶峰及其危险信号"中讨论的。接下来让我们看一下

2000 年到 2005 年腾飞的房地产市场。

4.2 神 话

大萧条时期，人们认为"房子是避难所"；到 20 世纪五六十年代，人们认为"房子是美国梦想的体现"、"房子是一项无风险的投资"，大家都将其视为神话。电视节目"Flip That House"很清楚地向我们展示了这一切。

我觉得有一点是很重要的，那就是"房子是无风险的投资"这一观点并不是在这个牛市的起始阶段——在"大萧条"刚刚结束时，也就是提出来的，而是在这个牛市快要结束的时候才提出来的。我们之所以将房子看做是一项无风险投资，是因为我们有历史证据。因为以前的事告诉我们这样做是正确的，因此以后的事我们也会认为应该是这样的。这样，我们依然在用后视镜，而不是在用前窗玻璃观察前面发生的事。

值得注意的是，当人们心中的神话转成"房子是无风险的投资"时，在供需机制中，房子代表的含义也从单纯的居住功能向投资功能转变。房子的价格越高，购买的人就越多。到 2005 年，美国拥有住房的人数达到了一个高峰。

4.3 放弃风险管理

毫无疑问，当"房子是无风险的投资"这一观点成为人们心中的那个神话时，它也会给泡沫高峰期的第二个因素——放弃风险管理带来巨大的影响。从贷款担保条件放松、二次贷款增加、住房净值贷款额度增加到投资者对评级机构的严重依赖，贷款产生的每一步都反映了人们前所未有的巨大信心，他们认为房屋不可能也不会贬值。图4-3显示了住房抵押贷款账户余额，从2000年到2006年，规模增长了4倍多。

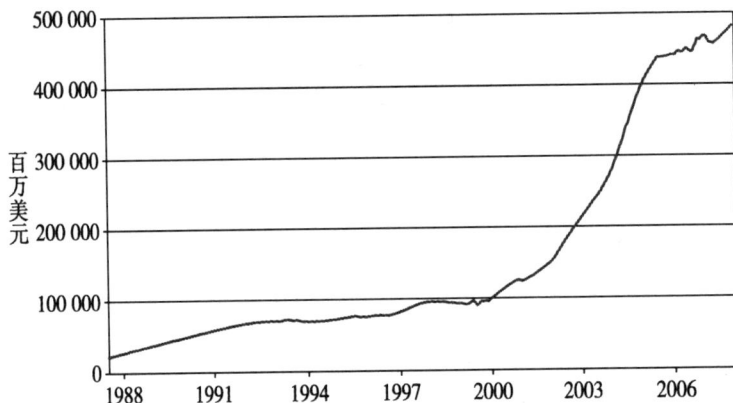

图4-3　住房抵押贷款账户余额

资料来源　美国联邦储备委员会。

然而，我认为放弃风险管理的最好的证据可以从图4-4中找到，图中的资料来源于北卡罗来纳大学的社区资本中心。

可以注意到的是，在泡沫高峰期（2005/2006年），投资者可以不用房地美或者房利美提供担保直接进行贷款证券化融资，这时候他们不再担心风险问题。更为严重的是，在私人从事的放贷活动中，虽然优先级贷款的需求在增长，但是在泡沫顶峰，低信用质量的准优级债券以及最低信用质量的次级贷款的发行量呈现了爆炸式的增长。

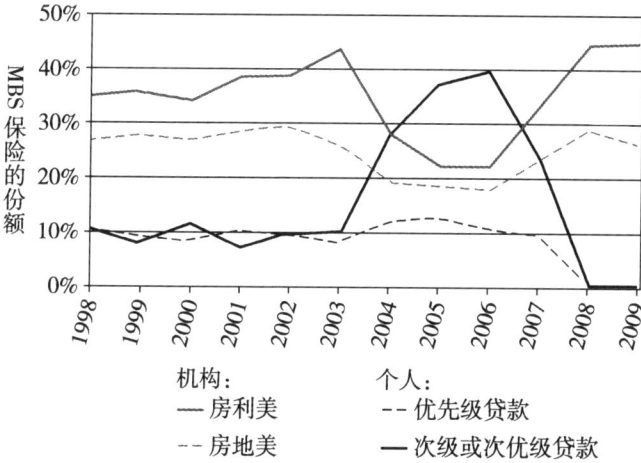

图 4-4   1998—2009 年次级证券发行量

资料来源   Kevin Park （2010），"Fannie, Freddie and the Foreclosure Crisis,"北卡罗来纳大学社区资本中心。数据来自于 Inside Mortgage Finance。

4.4   组织复杂化

接下来是泡沫高峰期的第三个特征：组织复杂化。

需要注意的是，放弃管理风险会增加这种复杂性，而且在泡沫高峰点，随着信任膨胀，这种复杂会演变成一种欺骗行为。抵押贷款终将引发一系列的诉讼事件，这并不是一件令人感到吃惊的事，尤其是当我们考虑到其中有众多参与者与交易时，我们就更不会感到奇怪了。

4.5　幼稚的新手

我相信两党做出公共政策的目标都是为了扩大拥有住宅所有权的人群，将中下层收入的民众也包括进来，这样泡沫高峰期的第四个特征，即幼稚的新手，看起来似乎不是很尽如人意，但是这些交易者也是受华盛顿政策制定者的委托。由于放贷者和监管机构放松了对风险的管理，而且"9·11"事件之后，短期贷款利率降低，因此市场新参与者大都以比较低的先期利率贷款，这也使得那些信用积分比较低的人第一次有了买得起房的感觉。不幸的是，当担保标准最脆弱的时候，违约风险会自上而下地爆发，房地产泡沫破灭，这时候这些人反而成了最大的受害者。那些购买次级贷款的投资者的遭遇跟这些新进入市场的投资者的遭遇非常相似，因为他们都是接最后一棒的参与者。

正如我们之前所看到的那样，在 2005 年房地产的高峰期，美国 70% 的人都拥有自己的住房，这是一个创纪录的数字。而在"大萧条"时期，这个数字仅为 43.6%——这个数字在本书的后面还会提到。在泡沫顶峰期，我们可以说，每一个人都能够买到一座房子。

4.6　夸张的信贷及建筑

泡沫高峰期最后的两个特点是：过度的信贷以及夸张奢侈

的建筑风格。这两点在现在看来都是很显然的。"McMansion"
（大豪宅）这样的词已经融入我们的本土语言中。主观确定性
再次引发了吉姆·柯林斯（Jim Collins）警告过的过激行为。
在房地产市场的案例中，不论是公共领域还是私人领域，人们
的情绪中都充满了这种主观确定性。

　　值得乐观的是，如果我们将时间框架延长到 70 年，那么
我们就能很容易地看到从光明到黑暗的转变不是一蹴而就的。
随着人们信心的增长，光明被越来越多的阴影一点点蚕食掉。
但是如果我们只是用客观的标准，或者个人的知识背景来评价
泡沫高峰期人们的情绪的话，我们将很难弄明白为什么这些人
会遭遇住宅泡沫。

　　这就是社会情绪在泡沫高峰期时的特点。由于前期的那个
所谓的神话已经如此深入人心，确凿无误，以致当泡沫高峰点
到来的那一刻，让人们相信未来不同于过去无异于让他们相信
白天之后不是黑夜。可能这就是为什么投资者会不断尝试他们
确信的东西的原因，尤其是当其他人对此也深信不疑时。

4.7　结　语

　　显然，前面分析的房地产泡沫是人们极度自信行为特征的
最好表现。对于每一特征都有很多解释，如果把这些例子全部
列举出来，恐怕可以写一本书了。正如我前面所讲，当泡沫达
到高峰时，整个产业链条都充斥着主观确定性的情绪，本章只
是概览而已。

情绪，冰与火

　　值得注意的是，几乎没有人相信房地产会成为经济泡沫的顶峰，这是因为他们已经陷入了主观确定性情绪的漩涡。

　　现在我们都承认，当年的房地产行业确实存在泡沫。如今距离那个时点已经有 6 年之遥，虽然我在这儿大费笔墨，但也只能事后诸葛亮了。

　　下一章我将不再以事后诸葛亮的方式分析另一个泡沫了，我将客观地评价正在被热议的问题：高等教育是否存在泡沫？

第 5 章

高等教育存在泡沫吗？

最近关于高等教育是否存在泡沫的问题引起了人们的广泛关注，对此，有人持肯定态度，有人持否定态度。

虽然所有的论点集合起来也可以写成一本书，但本章我们将用第 3 章"市场高峰及其危险信号"中关于情绪高峰的理论来分析高等教育是否存在泡沫。

5.1 神　话

就像 20 世纪 50 年代住宅所有权成为衡量实现美国梦的一个标准一样，二战以后，特别是《退伍军人法》（GI Bill）被引入以后，大学文凭成了实现美国梦的一个标志。这样，大学期间的花费变成了一项对未来的投资，拥有大学文凭意味着将来会拥有更好、更稳定的工作，也才更有可能获得住房，并获得更有保障的退休生活。简而言之，拥有大学文凭能够增加未来的确定性。

在把"大学学费"与"投资未来"相提并论这件事中，有两点值得注意。首先，像"投资未来"这样的"投资产品"，我可以毫不夸张地说，价格越高，人们越希望得到它。且不说最近人们对大学教育价值的担心，最近的数据显示，随着学费的升高，进入大学的单位成本已经开始上升。

其次，就像很多宗教学认为的那样，从支付大学费用这件事来看，黄金、恐惧以及贪婪是连在一起的。我们支付越来越多的学费来抵御不利影响——缺乏良好的工作机会（恐惧），同时争取有利的因素——获得高报酬的工作（贪婪）。虽然很多人说这只是同一个硬币的两面，但是我们并不能因此低估它对高等教育需求的影响。从这方面看，公共政策制定者们不断强调教育的重要性，与投资专家建议将黄金放到投资组合里抵御通胀或紧缩风险相比，两者并没有什么本质上的差异。

在我看来，像其他投资一样，高等教育的神话也有可能创造一个价格泡沫。当我们认为接受高等教育后我们会拥有一个更为确定的将来（或者我们的子孙后代会更好）时，我们愿意为高等教育支付更高的价格，其中很容易可以看出主观确定性是如何影响我们的决策的。我们最终也会发现，自己只是处在一个"充满希望的幻想"当中，就像房地产业那样，当我们已经见证了很多成功的案例时，这种感觉会更强烈。同样，在这件事上,我们也不能忽略我们的家长、老师以及已经工作的人们所扮演的角色。因为大学教育使得他们的生活更具有确定性,因此他们会将其归功于大学教育。他们这样做并没有什么恶意,但是这种做法跟一个资深投资者推荐你买苹果股票时的理由是已经买了苹果公司的股票而且赚了很多钱没有什么区别。我们的家长或者朋友认为他们的观点具有前瞻性,并将自己视为那些将要步入大学的孩子们人生路上的"前窗玻璃",殊不知恰恰相反,他们其实成了孩子们人生路上的"后视镜"。

最后,我要清楚地说明高等教育究竟是一项好的投资还是坏的投资。大学或者能增加一个人未来的确定性,或者不能增加,结果不可能是模棱两可的。但是,由于收入增长不可能是同步的,因此,高等教育的价格增长得越快,学生们就会从越长远的角度看待大学教育给他们带来的确定性以及金融收益的好处。用金融术语来说就是,高等教育的成本是不是大于它给我们带来的未来确定性收益的现值?即净现值(NPV)是不是大于零?

只要社会情绪还在上升,人们的偏好边界还在向外扩张,这些就都不成问题。随着信心的增长,人们越来越相信未来是确定的,任何关于学费升高的担忧都会被日益增长的信心淹没。然而一旦社会情绪开始消沉,问题就会随之而来。那时,人们不再将投资大学看做是长达 10 年、20 年甚至 40 年的投资,他们会缩短自己的投资期限,他们更关注的是毕业之后能不能找到一份工作——这是一个很短的时间期限!更糟糕的是，之前的巨额投入（甚至是借来的）现在不仅变成了压在肩头上的沉重财务负担，还成为一种心理负担。因此，大学毕业生也会像很多住宅所有者那样，有种受骗的感觉。

我之所以强调这一点，是因为一旦高等教育的神话破灭，后果将不堪设想，而且将会在相当长的一段时间内影响高等教育的发展。

那么，高等教育的神话是不是暗示着一个泡沫高峰呢？我认为是这样的。由于学生们相信高等教育会给他们的未来带来确定性收益，而且这种确定性可以持续一个很长的时间，因此他们乐意为高等教育买单（每个学生为高等教育背负的相关贷款可达 25 000 美元）。而且现在看来，这种对未来的确定性已经转变成了一种主观确定性。因此，我认为，毫无疑问，这是一个泡沫。

5.2　放弃风险管理

尽管我确信，如果从金融模型的角度分析高等教育，没有几个大学的管理委员会会承认其已经放弃了对风险的管理。高校的收入很大程度上依赖于社会情绪，然而在我看来，这种收入与高校的基本费用支出之间存在很多不协调的地方。从费用支出方面看，终身教师和扩张性基础设施的花费呈现上升的趋势；从社会情绪驱动的收入方面来看，收入增加明显——特别是社会捐款、捐赠收入，以及下面提到的公立学校的学费收入，还有州基金。

确实,在2008年当高校接受的金钱方面的捐赠急剧减少时,一些高校在短时期内感受到了这种不协调,但是在物质方面的捐赠并没有减少,而且随着股票市场的回暖,捐款也逐渐反弹。于是,这种不协调的现象很快就得到了控制,而且在我看来几乎没有高校认真对待这件事,他们并没有考虑将来入学的人数以及捐赠会同时减少。

但我认为,高校还会忽视其他的一些收入/费用不协调问题。在体育运动方面,基本成本,特别是基础设施的成本是固定的,但收入与社会情绪的变化紧密相关。大部分公共机构也是如此,它们大多通过州或者联邦集资,而州和联邦的收入多来自税收,税收连接着社会公共情绪。

如果你也像我一样相信人们的信心和市场状况紧密相连的话,那么最直接的一个结果就是高等教育收入与市场的联系比其他任何行业都要紧密。可是今天几乎没有,即使有也是很少的高校采取措施消除这种企业风险。

社会情绪、慈善以及非营利性食品

虽然本章重点讨论的是高等教育问题,但是人们的赠与行为是受社会情绪影响的,而且这种赠与行为与市场状况紧密相连。通过这二者之间的关系,我们可以更好地理解个人以及一些社会组织的赠与行为。捐赠者的捐赠意愿与其情绪状况的相关程度,远比与接受捐赠者需求程度的相关程度强。

在我看来,大部分的非营利组织,尤其是那些与社会需求紧密相连的非营利组织,都严重低估了它们自身对市场或者说社会情绪的依赖。当宏观经济繁荣时,市场上涨的行情一方面会刺激这些非营利组织财富增加，它们收到的捐赠也会增加，另一方面也减少了社会本身的需求。例如，当就业率增加时，人们对食品银行（food bank）① 以及其他社会服务的需求也会相应减少。同样，如果市场处于一种下跌的行情中，则社会情绪低迷，这些捐赠机构自己的财富枯竭，它们接受的捐赠也会减少，而同时社会对这种机构的需求却会增多。

一些机构也尝试采取措施抵御这些风险，这些措施包括：构建多样化的投资组合以及绘制 3 年、5 年甚至 10 年的年收入的移动平均线。在我看来，如果它们能够在企业范围内评估它们面临的那些与社会情绪相关的风险，而且将其资产的一部分花费在管理这些风险上，那么在大部分情况下，它们是可以抵御这些风险的。

很多公益性组织都将股票与固定收入的比例配置保持在 60/40 的水平上，但我认为最小化收入的话会更好。而且，我觉得当大部分的公益组织意识到这一点时，它们会发现它们的风险厌恶行为（它们愿意或者更希望牺牲更多潜在的收益来抵御亏损）正巧赶上了市场低谷期。

5.3　组织复杂化

美国大学追随金融服务业的理念，使学位计划成为宽松的

---

① 食品银行，也译作食物银行、食物库，主要为经济有困难人士提供膳食支援的慈善机构，食物来源主要为团体及私人捐助，如连锁快餐店、酒店、超市及食品供应商捐赠即将过期的熟食、干粮及餐券，有的还会以特惠价出售食品——译者注。

毕业机制，并使校园全球化（遍布国外）以及专业化或者综
合化，它们相信可以把自己学校的教学计划推广到全世界。但
是奇怪的是，与用户绑定式的教育或者自动化的教育方式并没
有受到人们的欢迎。大部分高校的终身教师都没有感觉到上述
教育方式的效率，只有很少一部分高校享受到了网络教育带来
的好处。这是一个努力将传统的教学方式与现代科技相结合的
行业。

5.4　幼稚的新手

尽管很多营利性的高等教育机构认为这样的评价是客观
的，但我认为这种评价无异于对次贷危机中那些后进入市场的
投资者的基本行为特点的评价：后来者总会落入行业陷阱中，
市场会依赖幼稚的新手或者后来的参与者，严重依赖政府贷
款，注重公司的销售文化，等等。

我认为，2010 年很多营利性机构开始衰落的现象是对整
个高等教育行业的一个警告。是的，到目前为止，这些衰退都
还是可控的，但是与房地产行业相同，这并不是整个高等教育
行业要接受的全部磨难，这仅仅是一个开头而已。

营利性高校面临困境的反应也是很能说明问题的。就像最
初借用次级贷款的那些投资者一样，那些运营尚且良好的高等
学校往往会表现得很不屑一顾，它们认为美国自己的学校肯定
不会像那些网上营利性学校那样轻易倒闭。情况可能会是那样
的，我觉得在其幸灾乐祸地看着这些营利性大学倒闭的时候，

它们可能同时也忽略了自身经营模式面临的两种风险：一种是低落的社会情绪带来的影响；另一种是那些行业新参与者的影响。可汗学院（Khan Academy）就是一个例子，该学院以网络低成本（甚至免费的）、创新性方式运营，这也是一种教育模式。

5.5　过度信贷

当我写这本书的时候，我们国家大学生的贷款总额已经达到 1 万亿美元，他们的信用卡已经透支了 30%。同样不能忽略的是，这个数字并没有包括 20 世纪 90 年代以及 21 世纪以家庭住宅为抵押的与教育相关的非公开性债务。这样，所有学生、家长账户上与大学相关的未偿付贷款合计值介于 1.5 万亿~2 万亿美元之间，而且这个区间也可能被低估了。

2008 年金融危机爆发后，个人资源枯竭，联邦政府介入以弥补这个缺口。但是，请注意图 5-1 中美国联邦政府消费者债务（这些债务本质上都是与教育相关的）曲线的变化轨迹。正如经济学家斯特恩（Herb Stein）所说："若是某一事物不能永远前进，它就必定有停下的一天。"现在大学生毕业后平均每人背负的贷款可达 25 000 美元，我觉得学生们的贷款意愿、贷款能力以及银行的放贷意愿、放贷能力都已经或者即将到达顶峰。

正如我们前面所看到的，借贷行为反映了人们的信心。在学生贷款这个案例中，学生们表现出的信心，在我看来更像是主观确定性。

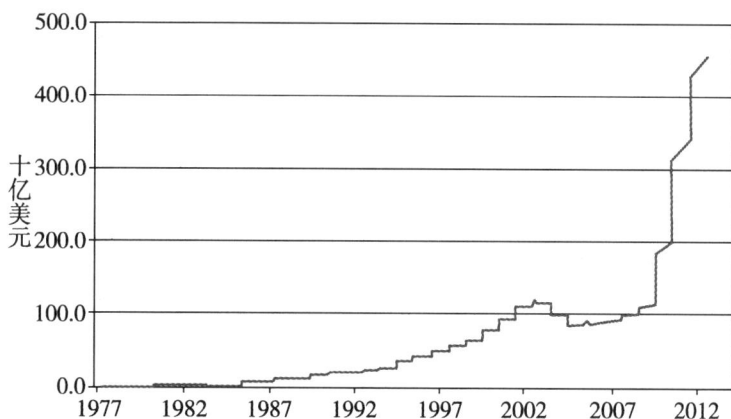

图 5-1　美国联邦政府提供的消费贷款总额

资料来源　美国联邦储备委员会。

5.6　建筑风格

在当前社会情绪高涨的背景下，我的孩子即将大学毕业，我有很多机会可以游览大学，并欣赏其建筑。如果有人对社会情绪与金融市场或者高等教育之间的关系心存怀疑的话，那么只需要看看美国高等院校新建筑上捐赠者的名字，所有的疑虑就可以消除。

可能有人对建筑风格体现了社会情绪与高等教育市场的关系感到迷惑，那么就让我们看一看图 5-2，这幅图显示了 1990 年以来我的母校威廉玛丽学院（College of William and Mary）

新增建筑设施与道琼斯工业指数值之间的关系。[1]

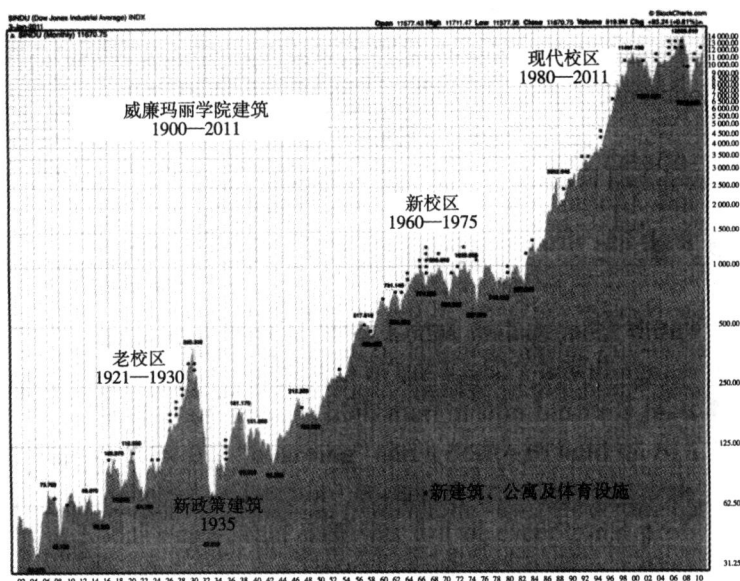

图 5-2　1990 年至今威廉玛丽学院新增建筑

资料来源　StockCharts. com（Dow Jones Industrial Average chart）。

几乎无一例外，高校建筑的建造时间都与市场高峰期相吻合——20 世纪 20 年代晚期、20 世纪 60 年代末 70 年代初以及 2000—2007 年。这里特别要提一下的是，最近的一个建筑高峰期不同于 20 世纪的两个主要高峰期。在早期的建筑热潮中，在市场高峰到来前，高校会以学生为中心建造很多建筑，如宽敞明亮的宿舍、功能提高的体育馆等。事实上，威廉玛丽学院在 1929 年就开放了女子联谊院。

---

① 感谢路易斯·卡勒（Louise Kale）在绘制这幅图方面所提供的宝贵的帮助，易斯·卡勒毕业于威廉玛丽学院的历史系。建筑方面的数据来自于 The Special Collection Research Center（SCRC），Wiki of the Swem Library（http：// scrc. swem. wm. edu/wiki/index. php/Category：College ＿ of ＿ William ＿ andMary ＿ Buildings）.

更让我感到惊讶的是，威廉玛丽学院最近20年来兴建的许多教学建筑的功用对于主要教学计划而言已经是绰绰有余，而且据我个人观察，其他很多高校也是如此。这些建筑中的大多数都被用于拓展教学计划、学生活动、体育运动以及艺术活动等，而这些活动大部分会发生在人们信心膨胀的高峰期。如果这些建筑更能发挥它们的核心功能的话，我对高等教育行业的前景所持的态度还能更乐观一些。类似我在郊区看到的房地产市场的高峰期，我在豪宅般的大学园中看到的是，由人们的主观确定性导致的日益增长的大学成本以及舒适的基础设备，但这令我感到很担忧。

5.7 结　语

就像前面介绍的房地产市场泡沫一样，我想突出强调一下我看到的高等教育的一些主要特点，以及这些特点是如何与社会情绪高峰相结合的。公正地说，解释好这个问题需要一个详细的论述。

时间会告诉我们高等教育行业究竟存不存在泡沫。但是，用其他行业有泡沫时人们情绪呈现出的一些特点来看，高等教育行业已经呈现出很多令人担忧的特点。

通过对房地产行业以及当前高等教育行业的分析，我希望大家能够感觉到极端的自信是如何改变人们的决策行为的，以及在这种情况下我们如何自然而然地滑向"我们、处处、永远"这个极端值的。

情绪，冰与火

　　就像面对房地产泡沫的那些投资者一样，恐怕高等教育的领导人也很难抓住泡沫带来的机遇。高等教育不是一个实实在在的商品，它很难用供给和需求曲线描述出来。低学费不一定能够吸引更多的人读大学，这不像房地产市场，当价格下降时投资者可以将多余的供给出租以获得租金收入。

　　对于美国现存的大学教育体制而言，技术革命背景下的社会情绪低落将会给大学教育行业带来灾难性的打击。这种体制跟 2000 年的报纸行业很相似。在我看来，明智的高等教育领导者和政策制定者一定会吸取住宅业和出版业发展的教训。这两个行业的例子突出了经济紧缩给决策层带来的巨大挑战，其中，住宅业还展现了泡沫破灭后传统公共政策的局限性。

　　我们已经通过住宅房地产以及高等教育的例子理解了信心顶峰的概念，在下一章中我们将转向人们情绪的另一端，我们将分析主观不确定性情绪下人们的行为特征，与之相伴的将是人们对信心的极端缺乏以及市场低谷期。

第 6 章

社会情绪冰点的标志

在 2008 年银行业危机期间，美林证券公司（Merrill Lynch）首席经济学家大卫·罗森博格（现任加拿大资产管理公司 Gluskin Sheff 的首席经济学家）提到："熊市不会在希望中结束，只会在绝望中终结。"我引用了这句话是因为我认为它与我和大多数投资人相信的东西背道而驰，然而，这后来被证明是正确的。如果主观确定性和矫枉过正在情绪顶点时能够被感受到，那么在情绪低谷，我们也一定会感受到主观的不确定性，并有一种可怕的、徒劳无益的和了无希望的感觉。

你也许会认为社会情绪达到冰点时的特点仅仅和我们在情绪顶点时看到的相反。"神话"会被看成"谎言"；风险管理会迎来它的加冕礼而不是退位；复杂会被简单取代；幼稚的新手会极端兴奋，然而能站到最后的只有那些有经验的、世故的老手；过度的信贷会被过多的权益和不情愿的借与贷所取代；我们不是在新建，相反我们是在摧毁。

以上这些相反的要素实际上都是情绪冰点的特征，但是它们无法解释出现这种情况的实质性的原因。

6.1 极端的"我、这里、现在"行为

正如我在本书开头提到的，信心低谷不仅反映出了不确定性，更反映出了主观不确定性。借用本章引言部分大卫的观点，在情绪冰点，绝望支配着一切，而且有一种无所不在的不知道未来会发生什么的感觉。我们处在一种持续的充满恐惧的幻想状态。

最终结果是，我们的决策和行为都反映出了一种极端的"我、这里、现在"下的选择。在情绪冰点，自私和利己行为代替了慷慨，我们只关注"我"，而不是"我们"，生存对我们来说是最重要的。另外，曾一度被视为能够提供永恒确定性的财富和收入现在来看不仅是暂时的，甚至连暂时的时间跨度都不确定。它可能是一天、一周或者一个月，谁知道呢！在情绪低迷期，我们不仅相信身下的毯子会被抽走，甚至还开始期待这个。暂且不管世界上发生了什么，就连国家层面发生了什么对我们来说也是毫无意义的。就如我在第 1 章"了解社会情绪"中提到的，当我们对我们的世界很少感到害怕时，任何事都是局部的，我们希望对我们最重要的人和事都能离我们

很近、特别近。

考虑了主观确定性之后，我认为比我列的那些相反要素更能恰当地描述出信心低谷的是"囤积"和"牺牲"。

在讨论这两个特征之前，我想再强调一下，就像情绪高涨时会有饱和的主观确定性一样，在低谷时也会有相当多的、饱和的主观不确定性。也就是说，有一种持续的全面的情绪。而且，它贯穿于整个企业"食物链"。有时，不仅仅是投资者对某个特定的公司未来的前景感到主观不确定，供应商、债权人、分析师和经理等也有同样的感受。所有人都会感到没有希望（需要注意的是，鉴于欧洲目前发生的事件，国家和政府也同样有这个特点）。就同破产前一刻的感受一样，因为它时常发生。在真实的情绪低谷——比如破产——如果不进行彻底的清算，就自然会出现集体性的希望缺失。我希望，这个极端的情形能够使你体会到我试图描述的那种情绪低谷下的心情。

6.2 囤积行为

让我们带着那种不确定的感觉来讨论一下囤积行为。我猜你看到"囤积"这个词的时候，一定会立刻想到美国经历的那场银行挤兑风波。在大萧条时期，那些挤兑现象伴随着社会情绪低落会导致人们产生不确定感。但是，我鼓励你们在慷慨这个大背景下，从更宽泛的角度考虑"囤积"，而不只是在情绪恶化时出于本能地想要持有更多现金。随着情绪跌至冰点，我们对他人所有方面的慷慨（财务、社会、情感、政治等）

都会大幅减少。在一些极端的情况下，它甚至会不复存在。

在这种情况下，我认为它展示了一种更广泛的行为。不必惊讶，在情绪低迷期，你经常会发现股东代替了董事，董事代替了行政领导。相似地，公司关闭了困扰它们的业务单元，停止制造"有缺陷"的产品。

随着市场触底，相对于私营部门，政府往往会表现出利己性，如同选民投票一样。在极度主观不确定期，往往会出现极端的民族主义和孤立主义，更不必提管制甚至是独裁。比起商业活动，公共部门的行为会得到更多的关注。我强烈建议投资者在评估情绪时考虑主要政治决策的本质，特别是在熊市时。社会情绪的变化反映出了这个世界的方方面面，也许有些群体比政客和政策制定者对社会情绪的变动更敏感。

如果熊市在绝望中结束，那么我们在情绪冰点时也会表现出绝望。有趣的是，在主观不确定性达到顶峰的时候，我们的行为全都集中于想要结束这种毫无希望的状态。这就是为什么在情绪冰点，投资者会自然地抛售亏损的股票。因为他们急需做一些事情——有时是随便什么事——来创造一个新的确定性。我将这个与市场触顶时我们希望事情能够永远持续下去的心态进行对比，在情绪低迷期，我们有更强烈的想法"让它现在就停下来吧"，因为我们希望它能够立刻彻底结束。

商品市场顶峰

也许在这里讨论大宗商品顶峰很奇怪，但是它有着与市场低谷一致的行为属性。一般来说，商品市场会伴随着主观稀缺感的饱和而触顶，也就是说，将会出现一个巨大的特定产品短缺。持续的稀缺感（和由此导致的囤积行为）反映出了极端的"我、这里、现在"情绪。

因此，结论是商品市场顶峰的形成更有事件性，它不像其他市场的顶峰那么平滑，商品市场顶峰往往是尖的，呈现急速的涨与跌。2008年，汽油市场就呈现出了这种情况，紧接着2011年的黄金市场也有着类似的经历。

相信一定有读者对我早前提到的2011年8月中旬委内瑞拉总统要求将所有的黄金储备都调回国家的事情感到困惑。希望现在大家能够理解得更透彻一些。查维斯总统就表现出了经典的"我、这里、现在"下的囤积行为。

在大宗商品交易中，这经常发生在顶峰而非低谷。

但是，我也要说明一下，从20世纪70年代初期的天然气危机和2008年的石油市场触顶到严重的股票市场下跌都证实了这个道理。所有这些都是社会情绪急剧下滑的自然结果——过度反应——再到极端的"我、这里、现在"。

6.3 牺牲行为

许多专家都将市场触底描述成投降式抛售，但是我认为那其实是一种经过深思熟虑的举动。就如同市场顶峰并不在满足中结束，市场底部也不在放弃中结束。在我看来，在市场底部，投资者为了结束这种不确定性愿意牺牲掉一切潜在的上涨空间，但也有可能是继续下跌（在不完全确定的情况下）。相反，在市场顶峰，投资者急切地想置换掉一切潜在的下跌趋势来维持主观确定性。他们往往会反应过度。

根据这些原因，我想牺牲行为是市场触底时的一个主要特点。正如之前提到的，牺牲有时可能是指一个公司的领导或领导团队，有时可能是指一个产品或产品线。很明显，在破产中牺牲的是债权人和股东的经济利益。最后再强调一下，在市场底部，投资者会刻意采取一些行动来结束他们面临的不确定性。

这个问题还有一个重要方面。我认为，囤积是一种想要结束目前的不确定性的行为，它试图维持现状，并希望回到比现在更确定的过去。另一方面，牺牲是为了将不确定的现在转变成更确定的未来。我们要承认，牺牲了就无法回到以前。但我们"烧掉船"只是因为我们坚信这个行为会给我们带来一个更好的未来。

牺牲行为暗示了信心水平的上涨（否则牺牲行为不会出现）。我发觉这看起来就像天使在针尖上跳舞，牺牲也意味着一个批判性思维的转换——从过去（我们认为通过囤积行为能够回到更确定的过去）和现在（目前的不确定）向未来某一时刻的转换。换言之，与其说偏好边界持续地向左下方移动，不如说牺牲行为带来了一个重要的向右上方移动的逆转（如图6-1所示）。我并不想夸大这一点，但是牺牲行为经常包含着一些不仅仅改变个人未来，也改变他人的事情——慷慨也是偏好边界向右上方移动的一个特征。

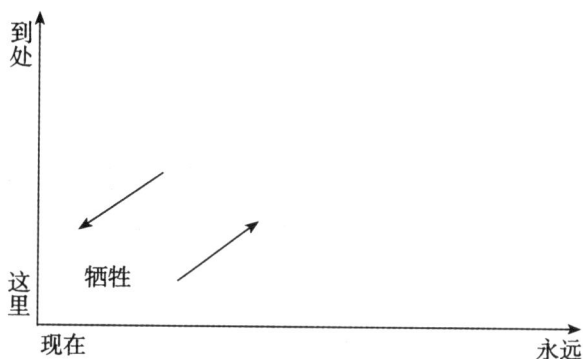

图6-1　反映牺牲行为的社会情绪的底部

资料来源　Financial Insyghts。

现在，你们中的一些人也许在想，囤积行为和牺牲行为是行为范畴的两端，但是在消除不确定性的背景下，我不认为这适用于所有情况。两种行为都反映出了为了结束逐渐增强的主观不确定性的决心。就像我早前提到的，人们进行囤积是为了抓住过去，人们做出牺牲是为了改变未来。随着我们逐渐接近社会情绪底部，我们开始不断增加囤积的强度，不仅仅是在财务方面，在其他方面更加严重。然而，当囤积行为失败时，我们只能选择牺牲行为。

社会囤积行为和牺牲行为

在前面，我曾提供了一个图表，展示了伦敦骚乱与2011年8月FTSE100指数低迷的关系。这可能会使一些读者感到不舒服，但是这些暴乱都是体现了在市场触底时囤积和牺牲行为一同发生的很好的社会例子。对这种社会行为和市场之间的关系仍持反对意见的人可能想先回顾一下图6-2，其由埃利奥特国际的Mark Galasiewski所做，他在图中描绘了中东的恐怖

情绪，冰与火

主义行动和社会动荡事件与埃及 HERMES 指数间的关系。

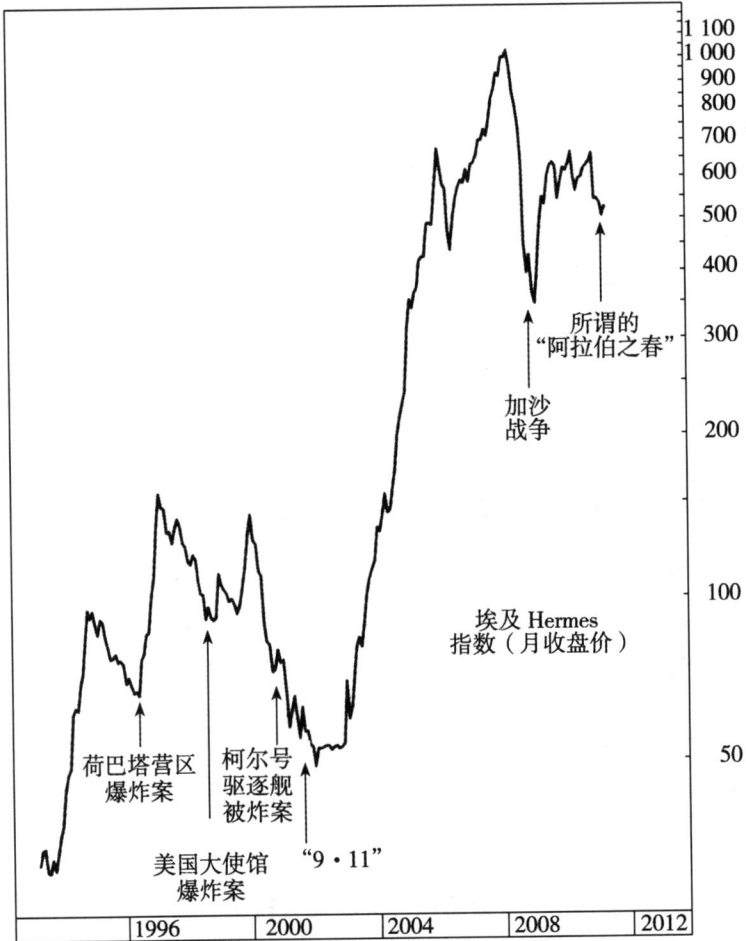

图6-2　恐怖行为和主要的市场底部

资料来源　Mark Galasiewski，Elliott Wave International 授权。

当我看到这个图时，我想到了导致股票市场下跌的
"9·11"事件。今天，我们将这些恐怖事件看做严重下挫的社
会情绪和市场中一些人不幸做出的行为。这样你就可以体会到
信息范畴的两端，美国在巴基斯坦的军事行动导致了 2011 年

98

5月本·拉登的死亡，同一天美国的股票在持续上涨了26个月后达到了顶峰，比2009年3月时的市值高出了80%。

我希望这个图表可以帮助理解"阿拉伯之春"（Arab Spring）和非洲北部海岸的人民反对政府运动中包含的牺牲行为。我不想假装知道"阿拉伯之春"是否代表了埃及股票市场的底部，但是从社会情绪的角度来看，我们离购买机会比想象中更近。也就是说，我们要考虑一个问题，即即使市场已经到达了谷底，投资者能否抓住这个财务资本化的机会也很难得到保证。

6.4　事件与周期低点

已经讨论了主观不确定性的饱和感和与之相伴的囤积和牺牲行为后，我想再看几个真实的市场或情绪低谷。在这之前，我想先区分一下事件驱动的市场底部和周期低点之间的区别。

今天，当投资者回想主要的市场谷底时，他们会将之与重大的事件联系起来，如2001年的"9·11"事件、2008年的雷曼兄弟破产甚至是1929年的华尔街股灾。尽管这些事件，如2011年的日本海啸，都代表了交易低点——因为其后出现了强势反弹，但实际上市场接着继续下跌到更低的水平，直到触底。

值得注意的是，在每一个"事件"后到达市场最终的底部时——2002年10月、2009年3月甚至是1932年7月——没有什么"单独"的特别或值得注意的事情。没有某一事件能够对市场在那一天触底画上感叹号。

这证明了市场触底的饱和面（同样适用于市场触顶），最终的转折点仅仅是情绪极端高潮——就像最后一块瓷砖被镶嵌到精心制作的马赛克上那一刻。

带着这个念头，让我们看一看在那些导致了重大的 2002年、2009 年和 1932 年市场低点的几个星期中发生的行为。

6.5 2002 年的市场低点

在 2002 年 9 月，随着主要指数的触底，布什总统对国会和安理会施压允许起草在伊拉克进行军事干涉的决议。同一时间，在美国的主要城市和伦敦都发生了反战抗议。新泽西参议员罗伯特·托里切利（Robert Torricelli）由于道德问题退出竞选，纽约州司法部部长艾略特·斯皮策（Eliot Spitzer）对世通公司（World Com）、奎斯特公司（Qwest）、Metro Fiber Networks 和美国麦克里德公司（Mcleod USA）的前任和现任首席执行官提起了欺诈诉讼。在 10 月上旬，华盛顿"环城公路狙击手"（Beltway Sniper）发生了第一次袭击案。

但是，在市场触底后的一个星期内，国会投票同意布什总统对伊拉克展开军事行动，前总统吉米·卡特被授予了诺贝尔和平奖，巴厘岛发生了夜总会汽车爆炸事件。这些或许都反映了社会情绪触底时人们做出的决策。

战争和市场谷底

许多经济学家和历史学家都喜欢声称是第二次世界大战帮

助我们摆脱了大萧条，但现在没有人说是伊拉克战争使我们脱离了2002年的市场低谷。我强调这个区别是因为在这两个例子中，战争都是伴随着市场低谷出现的主观不确定性的产物。国家不想打仗，但是其选择开战是因为相信其需要将未来转变成更加确定的东西。

6.6 2009年3月的市场低点

在逐渐导致2009年3月市场低点的几周里，瑞士银行巨头瑞银集团声明其已经解决了对美国检察官的逃税指控并更换了首席执行官。其他的几大世界银行也报告了令人惊讶的2008年第四季度亏损。美国政府对花旗集团（Citigroup）股份增持到36%，并将其在劳埃德银行（Lloyds）的股份增加到60%以上。纽约州总检察官安德鲁·库默（Andrew Cuomo）传唤了美国银行（Bank of America）董事长和执行董事肯·路易斯（Ken Lewis），指控其在2008年年末误导消费者购买美林证券公司的股票。奥巴马总统宣布绝大部分美国军队将会在2010年8月撤离伊拉克，美国《重建和再投资法案》也得以通过。最后，随着CNBN编辑里·圣泰利在实况转播节目中的大力抱怨，首次茶党运动（Tea Party）在芝加哥举行，超过10万名民众聚集在都柏林抗议爱尔兰金融危机的不当处理方式。

撤离伊拉克的决策

注意，在2009年3月的市场低谷期，奥巴马总统声称美国将会撤离伊拉克，与2002年的决定恰恰相反，但这却是另

情绪，冰与火

一个主要的市场低谷。

也许它们看起来有些矛盾，但我相信这两个决定是基于同一种情绪做出的。"9·11"事件发生后深度恶化的社会情绪导致了伊拉克战争，因为政治领袖坚信需要做一些事情来结束这种不确定性（都是经济上的，并与恐怖主义威胁有关）。通过发动战争，人们有了一个未来会更加确定的信念——这里，我要再强调一下情绪达到谷底时人们往往需要做一些事情，仅仅坐着只能麻痹情绪。

在对伊拉克进行军事行动不到7年的时间里，公众情绪来了个180度大转变。在2009年春天，伊拉克战争在许多人心中，特别是政治领袖心中仍意味着不确定。通过召回美国军队，奥巴马总统相信他正在为美国创造一个更确定的未来。

我可以想象此时此刻，一些读者可能在翻找他们以前的股票走势表，然后注意到1973年1月23日，在尼克松总统宣布结束越南战争之后，市场触顶然后急转下跌。

这会不会和伊拉克战争发生的情况相矛盾呢？根本不。尼克松总统在1969年熊市期间宣布了首次的军队撤退和"战争越南化"。另一方面，1973年1月声明结束战争，是为了签订1972年12月美国轰炸河内之后的和平条约。在越南民主共和国的黎德寿（Le Duc Tho）刚刚同意了国务卿亨利·基辛格提出的条款后，声明便发出了。这是"和平与荣誉"。尽管后来发生在越南的一系列事件最终改变了结果，但我认为应该注意到和平条约反映出的高度的信心、确定和信任——所有这些都是社会情绪顶峰的特征。

6.7　1932 年的市场谷底

回顾 1932 年以来的报纸和杂志，我们能明确地发现在大萧条时期出现了异常的主观不确定性。人们不仅不确定，而且对这种不确定十分确信。人们在 1932 年春天和夏天做出的行为反映出了集体的绝望：通过《格拉斯—斯蒂格尔法案》（将银行业和证券业相分离，这被视为导致 1929 年经济大崩盘的元凶）；查尔斯·林德博格三世绑架案；瑞典金融家"火柴大王"克雷于格（"Match King"Ivar Kreuger）的自杀；一战老兵在华盛顿的抗议；美国革命女儿会要求驱逐失业外国人出境的决议；胡佛总统承认禁酒令（The Prohibition）失败。对未来毫无希望的感觉已经达到了饱和，以至于在 1932 年 8 月，就在市场触底的 1 个月后，美国历史上第一次出现了移民出境人数超过了移民入境人数的情况（一则报道提到"外来移民者主动离开是因为他们预测自己保有的财富将要暴跌"[①]）。

6.8　同时审视几个重大的市场触底

不可否认，我刚刚提到的市场或者情绪触底都代表了 80 年以来 3 次最严重的社会情绪的暴跌，评估它们的时候我有着明显的后见之明的优势。但是，不如这么严重的市场低谷也有

① *Chronicle of the 20th Century*（Mount Kisco, NY: Chronicle Publications, 1987），409.

着相似的特点，只不过是在一个较小的程度上。

就像在第 2 章"偏好边界：情绪如何影响决策"中提到的，2011 年 8 月 FTSE100 指数的下挫与伦敦暴乱所带来的"绝望"情绪相一致。我在文章《它就在附近的某个地方》（*It's Around Here Somewhere*）与客户分享了这个观点：

我将要冒险推测市场低谷正在临近。低谷是否发生在周二标准普尔 1 070 点左右或是在这个水平偏下方发生——抑或是显著低于这个水平——我们拭目以待。但是，不管怎样，主观不确定性已随处可见。

上周，英国历史学家保罗·约翰逊在《福布斯》杂志上推出了一个专栏《谁能引导我们走向安全》；上个周六乔·昆南的专栏《谁是我们的丹尼尔·布恩和圣女贞德?》在《华尔街日报》登上了头版头条；《经济学人》封面上写着"政治家们为全球经济做一些实质性的事情之前，我们恐怕……"以责备目前"群龙无首"的状态。下面是穆迪公司在周三的一些评论：

人们对欧洲主权债务市场已经极大地失去了信心，并且认为这种极端的弱势的市场情绪很可能会持续下去……不再是简单地通过提供流动资金就能解决的，几个欧元区政府已经被这日益丧失信心的情绪影响着。

简单来说，确定性已经消失并且短期内不会重现。恐怕我们看不到一个能够将我们从这深渊中救出的人。至少我现在是这么想的。

我认为市场顶部和低谷都是通过饱和来界定的。近来，从时事评论员到观看足球比赛的家长们都在谈论这个事情。欧洲已经衰落到无法再崛起，我们都知道。①

　　希望这些例子能够让你对处于低谷时做出的财务、政治和社会决策都有更深的理解。我对客户说过，我并没有明确指出过我认为的市场低谷时的价格。因为在我看来，从社会情绪的角度感受低谷的来临与指出市场低谷时的价格有着很大的差别。而且，在市场顶峰时也一样。

　　我持这样的观点是因为许多投资者都试图明确测定出市场顶峰和低谷的时间，以便更及时地应对，在即将到达最高点时卖掉，或在即将跌到最低点时买入。市场价值整体都是随着主观确定性的上涨而大幅上涨，随着主观不确定性的下挫而下跌。对我来说，理解社会情绪要素的实质意义是使你具备了对顶峰和低谷做出准备的能力，并有能力对自己说："它就在附近的某个地方。"

　　大多数投资者忘记了一个事情，那就是如果说在重大的价格低谷和价格高峰之间有 100 码的距离，则从投资的角度来看，只要你能在 20 码处出发，在距离另一边 20 码处结束，你仍能胜利。了解市场触底的大概时间就能够使你更容易等到转折点，从而在转折点后进行投资。

6.9　社会情绪和发明

　　在我开始讨论目前的市场之前，我想先确认一下你不会认为在社会情绪冰点时的"牺牲"就只意味着消极。

---

　　① Peter W. Atwater, Financial Insights Commentary, October 7, 2011, 1. www. financial-insights. com/oct11_2011. html.

情绪，冰与火

从 2009 年中间开始，我就注意到了一系列打着"萧条 101"标语的广告牌。它试图给美国在过去两年经历了经济和市场的骤然下跌以鼓励。

其中一个标语是这么说的："比尔·盖茨在大萧条期间创建了微软。"我强调这个标语是因为发明就是牺牲的另一种理解方式，或者从比尔·盖茨的例子来看，牺牲就是个人的再创造。尽管我无法证明微软的创建与大萧条只是巧合，但是我怀疑比尔·盖茨先生（与另一位共同创立者保罗·艾伦）当时有着"我、这里、现在"的心态。

我们并不是毫无根据地说"需求是发明之母"。

但是我们可以考虑一下，整个商业周期是如何与偏好边界相一致的，上涨的信心是怎么促使公司从"我、这里、现在"的初始阶段通过革新与扩张一路发展到"我们、到处、永远"的饱和点的，如图 6-3 所示。

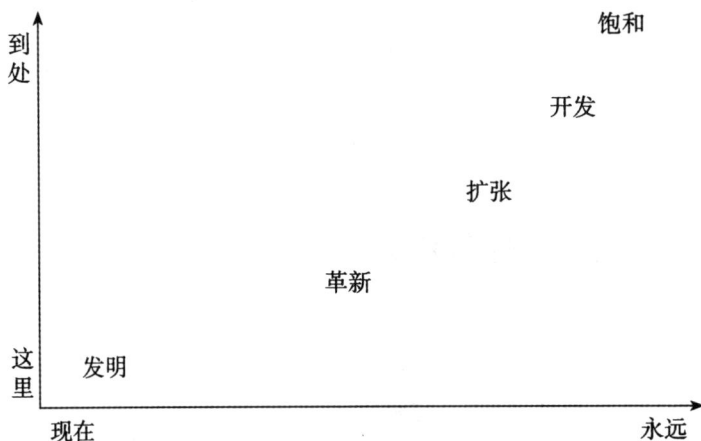

图 6-3　偏好边界与商业周期

资料来源　Financial Insyghts。

106

这并不意味着成功被完全保证了。大多数的企业领袖都将主要目标锁定在销量上。我建议，将目光集中在增强商业信心上能够得到更多的回报。商业周期向右上方移动时，需要越来越多的人有更多的信心——可以是管理层、客户、投资者、供应商、贷款人等。这带来的好处会远远超过只重视销量。在回顾了最近的房地产和银行业的经历之后，企业领袖们应该更明智地发现其实公司对信心退化是最敏感的。

伊士曼·柯达公司和美利肯公司

在我写这本书期间，经营了100多年的伊士曼·柯达公司提出了破产申请。对柯达公司破产申请的众多报道使我想到了一件事，那就是柯达公司在1975年如何发明出了数码相机，但是却因为在电影上获得的巨大利润和近乎垄断的地位，没有继续致力于技术创新。

更值得注意的是，柯达在20世纪60年代和20世纪70年代早期在相机方面的垄断地位带来的信心与后来公司股价的乏力之间的关系又有多少人能看清（如图6-4所示）。尽管股票在1987年暴跌之前曾有过短暂上涨，并超过了1973年的顶峰，但是公司却用了24年才再一次创下最高纪录。在那一时点，公司已经开始分解。1993年，伊士曼化学公司就被剥离了出去。

我在第2章曾提过，剥离反映出了恶化的情绪（通常是管理层沮丧）。很少有管理者自愿出售他们的盈利产品。

伊士曼·柯达公司普通股

□ EK

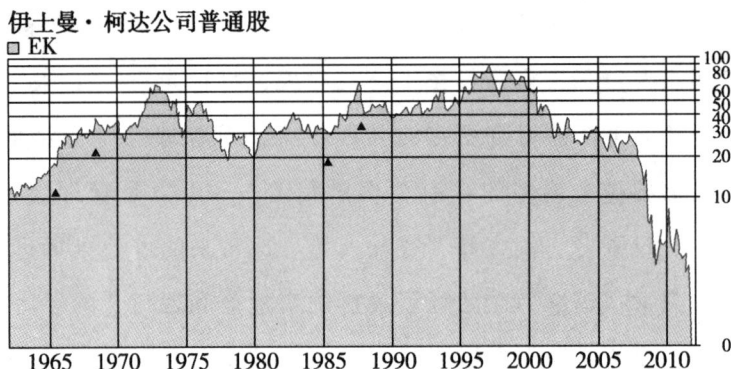

图6-4　恐怖活动与主要市场底部的关联

资料来源　Yahoo!。雅虎公司授权改编，雅虎公司持有版权。

我确信在1975年，柯达的管理层不会想到目前会出现这种情况，但是在我看来，柯达不愿意创新和冒丧失电影业高利润的风险更像是"囤积行为"，即希望保持住过去，因为对柯达来说，过去是充满了盈利的。我认为，做出这种囤积行为就代表着柯达公司已经处在了下滑的状态，只不过它自己还没有意识到而已。

有趣的是，在柯达公司申请破产期间，《华尔街日报》上有一篇文章将柯达公司的灭亡说成是对其他有着悠久历史的美国公司有益的经验。纺织品公司美利肯公司也面临着来自全球的革新竞争和风险。① 不同于柯达拒绝创新的特点，美利肯公司勇于直面它，这很大程度上还要感谢企业文化的建立者罗杰·美利肯先生。有一篇文章曾形容他："十分重视新产品、新思维和更高端的生产工艺——那是被其他上市或非上市创新

---

① John Bussey, "The Anti-Kodak：How a U. S. Firm Innovates and Thrives," *The Wall Street Journal*, http：//online. Wsj. com/article/SB10001424052970203721704577157001419477034. html.

型企业广泛认可的。"

　　我有幸在美利肯先生晚年时见过他一面，并被他对知识和创新的渴望所震撼。我佩服他在90多岁高龄的时候还能如他家人说的"仍在种植橡树"（这一点可以充分解释为什么在1963年，美利肯公司将650英亩的总部场所的大部分改造成了今天的美利肯植物园，它也是我们国家最大的树收藏园之一）。

　　我提到美利肯先生种植橡树是因为随着公司的发展和繁荣，许多人已经忘记了要继续种植橡树，而只是试图延续过去的成功。对大多数的公司来说，它们最盈利的产品往往最后会陷入瘫痪。很少有人勇于将企业的盈利用在鼓励发明和推动创新上，更不必说在最高点将业务出售了。他们只会用盈利业务来掩盖其他地方的损失以达到短期目标。他们忘记了自己身处于一个信心逐渐增长的企业。

6.10　结　语

　　伴随着情绪下挫的信心恶化，逐渐增加了对未来的不确信。结果是我们囤积的强度越来越大。在最低点，当囤积行为再也无法阻挡越来越多的不确定时，我们开始经历主观的不确定感，并本能地想要做一些事——有时是任何事——来消除不确定性。

　　我目睹到的是，在情绪冰点下做出的行为，不管是为了个人的股票还是市场整体，通常都是一种持续的牺牲的形式——

情绪，冰与火

一种不再留住过去而是改变未来的行为。随之而来的是一个向外扩张的偏好边界。

就像重大的市场触顶带有恒久和慷慨的意味，重大的市场触底也以极端的囤积、自私或是最终的牺牲为特点。

讨论了偏好边界的原则、社会情绪对决策的影响和市场这个概念之后，我想在开始进一步研究目前的市场和对未来的启示之前，先绕一个小弯到会计世界里看一看。

因为我希望，你再也不会用同样的方式来看待盈利了。

第 7 章

篡改账簿：企业盈利和社会情绪

对于大多数投资者来说，季度收益就像是餐馆的晚餐。客人或者喜欢或者不喜欢吃，有时他们还想见一见厨师，但很少有用餐者想要走进厨房看一看食物是如何准备的，几乎没有人想被菜单上的顺序拖延，更别说到屠宰场看看了。

投资者的收益原则很简单：只要盘子上有就可以了，不需要让我知道它是怎么来的。

为了弥补许多投资者广泛缺失的理解盈利的兴趣和能力，处于不同时点和行业的公司，采取了许多替代的列报方式，使投资者们考虑"非一般公认会计准则"的盈利，但不包括管理层认为无关或者极为重要的消极的因素，而使投资者的注意力集中在管理层认为"平常的"东西上。

情绪，冰与火

重新回到之前餐馆的那个比喻上，这就像一个服务生在说："除了我们意外烤焦的鸡和我们知道你不喜欢的花椰菜，所有的食物都按往常你喜欢的方式做的——下次你来的时候还会期待晚餐吗？"

7.1 情绪驱动的会计准则

收益的列报和我们是否愿意接受管理层提供给我们的东西，仅仅是收益准备过程最后的结果。很少有投资者考虑的是情绪究竟会多大程度地影响——已经建立的会计准则和厨师的态度——应该用哪个菜谱，应该酌量添加多少糖和辣椒到季度收入、费用、资产和负债中。

在我看来，有太多的投资者将掌控财务报表的会计准则看成摩西铭刻的墓碑——上面写着，从一开始就存在着一系列不可撤销的法律。这些投资者忽略的就是会计准则不过是拟定的条例，而不是注定的法律，它可以随着人们情绪的变化而改变。结果就是我们在牛市时随着市场的蓬勃发展而放宽了会计管制，随着市场的萧条而再次加强管制。所以，对于公司来说，在市场顶峰赚得 1 美金的盈利比在市场低迷期更容易。

作为非抵押证券化的倡导者，我经常会首先注意到一些规则的放宽。例如，一项资产如汽车或者信用卡贷款会被银行或金融公司视为销售（因此会被移出资产负债表，并且获得利得），但这通常是不可以的。在我事业初期研究合同法时，就包括研究潜在的亏损风险（由卖方管理层做出决定并由卖方审计人员签署）是否与转让给别人的资产有关。

对于 2009 年金融危机之后 FASB 声称要发布新的证券化会计准则，我根本不感到惊讶。准则规定对先前被视为销售而成为表外业务的大于 600 亿美元的信用卡贷款资产进行重组。情绪低迷时期，特别是在金融服务业，通常会产生更加苛刻的规则。

但是不只是证券化会计从过去 20 年的放松管制中受益。让我们快速浏览一下关于收购、衍生品和其他复杂交易的会计准则的进化史。从 1980 年到 21 世纪早期，伴随着牛市和上涨的情绪，标准开始有所放松（在这段时期内，全行业共同努力来制定全球统一的会计准则，FASB 和国际会计准则委员会小组也致力于共同制定一套世界范围内一致的合并财务报表准则。像其他行业一样，会计也反映出了社会情绪触顶时的"我们、到处、永远"特点）。

会计准则的放松管制也只是故事的一部分。大部分投资者不知道的是，会计准则本身也为企业登记某些资产或负债提供了可选择的方法。例如，在银行账簿中，可以采用按市值计价会计准则或持有至到期投资应计会计准则来登记证券（完全取决于管理层持有证券的时间。不同的方法导致了证券确认时间和方法的不同（还有决定利得损失的人），相对于不同数量的资产，银行必须持有的资本数量也会不同）。在 1990 年到 2007 年这段期间，大多数金融机构都采用了按市值计价法。但是撇开细节，简单来说，如果公司预测到证券价值未来会下跌的话，它们不会自愿选择这个方法。

监管者和投资者都忽略了随着按市值计价的资产数量的增加，管理层信心十足（更重要的是，投资者也忽略了在 2008 年末和 2009 年初，随着市场触底，大量的按市值计价的资产被重分类为持有至到期投资，导致管理层信心缺失）。

从公司对会计准则的选择上能看出管理层的信心水平。

7.2　情绪驱动的管理层判断

我相信投资者忽视的第三个要素就是公司和金融机构是怎样应用这些特别选择的会计准则来报告盈利的。在这一方面，投资者一定可悲地低估了管理层判断对财务报表的影响程度和情绪变化对判断的影响程度。

在 2009 年，当 FASB 采用了更加保守的证券化会计准则时，FASB 主席罗伯特·赫兹说了下面一段话：

"我们已经考虑了一些改善现行准则的提议，以解决投资者对公司大规模利用表外业务实体给投资者利益造成损害的担忧。新的准则会消除现存的异常状况，提高与证券化和特殊目的实体相关的标准，提高披露水平。公司活动和风险会变得更加透明。"[1]

公司已经"广泛"利用了"现存的例外"，降低了披露水平。它们感谢高涨的情绪，而投资者却不以为然。

---

[1]　Financial Accounting Standards Board，"FASB Issues Statements 166 and 167 Pertaining to Securitizations and Special Purpose Entities," June 12, 2009, www. fasb. org/cs/ContentServer? c = FASBContent _C&pagename = FAS B/FASBContent _C/NewsPage&cid =1176156240834.

我要强调的是，管理层判断不仅仅在复杂的会计准则，如证券化准则中，产生了较大的影响。举一个简单的例子，让我们看一看贷款损失准备和银行需要提取的潜在贷款损失金额。在高涨情绪带来强劲增长的时代，银行通常会对贷款组合提取较低水平的损失（因为有更多人就业，盈利在增长等）。在这样的背景下，出借方变得越来越有信心，并开始借款给信用较差的借款人（这就是为什么债务违约从市场高点之后开始出现，最糟糕的贷款往往出现在市场顶峰的原因）。

考虑到在市场顶峰，信用损失百分比降低是因为贷款组合的增加和损失的减少。这是众所周知的"买一送一"，即分子分母的变化都对银行有利。另外，银行管理层迫切地向信用很差的借款者贷款，因为他们根本不担心未来的损失。在社会情绪的顶峰，不管是管理层还是会计人员（还有银行监管人员），都没有意识到需要计提更高水平的贷款损失准备。

资产负债表上的贷款损失准备只是一个例子而已。还有成百上千个资产类别取决于管理层的判断，包括商誉、净养老金、递延所得税等。负债项目也不例外，例如对诉讼案件计提的准备金金额和计提时间都是由管理层做出判断的。

在情绪高涨的牛市，越来越乐观的管理者使用了更加乐观的会计准则，在提高了盈利水平的同时降低了监管水平（然而，人们还在惊叹公司是怎么创造出破纪录的业绩和利润的）。

从另一方面来领会情绪峰顶。在熊市，投资者对低盈利水平检查得更仔细。而这时管理层选择了较保守的会计准则和更保守的决策。同一时间，由于情绪的低落，投资者对保守情况下得出的盈利进行的估值也偏低，从而导致了较低的市盈率。

我不是在做浅显的研究。更加保守的会计准则只是情绪下跌时期监管的一个结果。就像在今天，银行业不只是在更加保守地应用保守的会计政策（接受更大程度的审核），而且也面临着更加严格的营运监管。从《弗兰克法案》（Dodd-Frank）和《杜尔宾修正案》（Durbin Amendment）到《巴塞尔协议III》（Basel III），行业正在面临着新规则的猛烈冲击。简单来说，就是金融服务业 3 年前报告的 1 美金在今天就只值 50 或 75 美分。

我还要补充的是，随着社会情绪的改善，大体上所有施加在银行业与风险相关的反周期规则和条例都会被解除。《格拉斯—斯蒂格尔法》（Glass-Steagall Act）在 1929 年股市崩盘后颁布，后在 1999 年被《金融服务现代化法案》（Gramm-Leach-Bliley Act）取代，就是因为当时美国的社会情绪在不断高涨。

社会情绪的高涨趋势可能会导致所有规则的放宽，那就是为什么在情绪高涨时期赚 1 美金的利润远远比在情绪低落时期容易的原因。

审查和社会情绪

在过去的 5 年里，我多次警告我的客户"不要低估审查和社会情绪之间的负相关性"。在经济好的时期，投资不问，管理者也不说。在经济低迷的时候，投资者会提出很多尖锐的问题，也需要很多的细节。

再也没有比自 2007 年起日益增加的金融服务机构 10-K（每年呈交给证券交易委员会的年报）的页数更能说明这个问题的了。尽管有时情况相反，但是大多数银行都被要求对抵押贷款资产和欧债等披露更多详细的信息。

也许现在还无法证明统计数据是否显著，但我还是禁不住去想，金融危机达到峰顶是否是以 10-K 的页数为标志的。

不仅仅是在监管文件中出现了情绪和审查的负相关性。在 2011 年 10 月末，全球曼氏金融破产之后，杰富瑞集团（一个很大的投资银行）的股票在短短一个小时之内就狂跌了 20%，因为投资者开始担心公司的欧债风险。

在这之后不久，正如《华尔街日报》"股闻天下"（Heard on the Street）专栏文章所写的："当公司暴露在欧债风险下时，到底披露多少才够？"

文章继续说道：

只要怀疑继续下去，大型银行的股票就将继续受到"打击"，因为投资者会因欧洲国家和金融传染而感到担忧。一个可能的解药就是更好地披露交易对手和国家风险……

但是，银行可能倾向于回避提供细节，甚至是高端交易对手风险。因为它们可能害怕这个附加信息会突出这一小群大型商业银行的风险。它们将提供的附加信息很难使投资者相信作为借口。

但是在这种情况下，"完美"不应该是"好"的敌人。大型银行和证券交易委员会最好尽早解决这个问题。否则，像杰富瑞集团一样，它们将会被市场"拿枪"逼着"脱光衣服"进行检查。①

这就是信心骤然减少的力量。投资者不只想知道得更多，他们还想知道得更快。这就是"我、这里、现在"。明智的公司高管应该了解到股价下跌会导致更多的信息披露需求。很多的管理者觉得市场是不可理喻的，但是他们忘记了，当业务单元处境艰难的时候，他们也会需要更多的信息。这就是情绪下挫的自然现象。

最后，在2012年春天我完成这本书的时候，报纸头版头条接连出现对切萨皮克能源公司首席执行官的控诉。看一看这个公司的股票图和普通股股价的暴跌（还有公司主要资产——天然气的价格），那些指控的动机就很明显了。所有在市场顶峰被忽略的东西都会在低谷期暴露出来。

考虑到情绪的恶化（不只在切萨皮克，市场整体都是这样的），随着丑闻的曝光，我已经料到会计界和公司治理条例会发生重大变化。就像在安然公司和世界通信公司倒闭之后就颁布了2002年《萨班斯—奥克斯利法案》（Sarbanes-Oxley Act）一样，在切萨皮克公司的内幕浮出水面之后，很可能也会产生新的条例。

另一方面，切萨皮克公司的丑闻使我有理由对未来天然气价格的发展方向抱有希望——特别是会出现一个又一个关于开采天然气的故事，天然气无限供应的时代也将要到来。

---

① David Reilly, "Investors Can't See Banks for the Hedges," *The Wall Street Journal*, November 7, 2011, http://online. wsj. com/article/SB100014245297020 46219045770183321991559232. html.

7.3   情绪驱动的"一次性"费用

还有一些我认为投资者应该考虑的与情绪相关的会计原理。在一个新的首席执行官或财务总监就职后的那个季度，我经常发现有人会"一次性"地调低会计账面价值，特别是当管理者是来自公司外部时。当调减行为发生的时候，它经常代表了新进管理人员情绪上的变化，通常其代表了一个更谨慎的态度（从这个侧面来看，我很好奇为什么董事会对离职高管不实行"弥补性收入"政策，因为后来的资产减记大多时候是与前期所记利润相关的）。

管理层变动并不是你能够看到的公司情绪变化反映在公司会计记录中的唯一情况。

2012 年 1 月，当我写这本书的时候，《华尔街日报》在同一页报道了福特公司（Ford）和宝洁公司（Procter & Gamble）第四季度的经营状况。① 在福特公司的分析中，文章强调了公司是怎样调增了递延所得税资产的（有些人可能不太了解递延所得税资产是什么，它们通常在公司发生损失或进行税收抵免时出现，会在未来产生足够的收益时转回）。在福特这个例子中，2006 年，当公司预测到盈利前景严峻时，调减了递延所得税资产（可能没有足够的利润来抵扣递延所得税）。之后再调增递延所得税资产，因为福特公司完全可以声称对未来又充满了信心。

---

① Jeff Bennet, "Ford Cruises, but Woes Loom," and Paul Ziobro, "P&G Profit Slumps 49% ," *The Wall Street Journal*, January 28–29, 2012, B3.

情绪，冰与火

宝洁公司则是一个完全相反的情况。在它的第四季度盈利中，公司将 2003 年以 70 亿美金收购威娜公司（Wella）和 2005 年以 570 亿美金收购吉列公司（Gillette）中确认的商誉调减了 15 亿。宝洁公司对此宣称当年合并成本被高估，这两个分部未来的盈利不再像收购时想象得那样高。

在我看来，一个公司在任何时候调减与未来收益相关的商誉、递延所得税资产或其他资产的价值时，投资者都应该问问管理层这些修改与他们的盈利计划有何关系。即使管理者将调减描述为"非现金性的"，也难以安抚投资者。这就像投资者说昨天投资的股票今天跌了，但是并没有现金流出。唯一可以解释这些调减是非现金性的理由是，公司在过去的并购中付出了过多的现金。如果一味地容忍这种"非现金性"的说法，那么董事会和投资者就会错误地向管理者传达一种信号：为并购多付钱也没有关系。

公平来看，不仅仅是投资者和董事们向管理层传达了这样的信号。在过去的 25 年里，曾经有一个重大的并购会计管制放松，其中一部分是，对商誉的摊销（与并购相关溢价的费用化）被 FASB 废除了。公司有了明显的动机来购买而不是建立。考虑到高亢的社会情绪，管理层或投资者都不会相信企业会超额支付。

展望未来，考虑到现在被调减的商誉大多与市场顶峰时期（2005—2007 年）的并购有关，我相信会出现更多关于合并和收购的保守会计政策。

不用说，那些新规则不会对盈利起到积极作用。

7.4　结　语

　　一般公认会计原则的核心是规则，是受同样的基于情绪的影响所支配的，例如银行业或核能源行业。当我们有信心的时候，我们会放松管制；当我们没信心的时候，我们会重新管制。甚至，资产和负债都反映出公司管理层的情绪，在情绪高涨时期，管理层采用更宽松的会计规则，这会产生一个指数效应，即资产价值出现膨胀，负债价值出现紧缩；反之，亦然。

　　尽管大多数投资者感觉会计很单调，但是不管是在个体公司层面还是在市场整体层面，会计准则的变化和应用都是社会情绪变化方向的指示器。也就是说，会计政策的改变，像所有的法规一样，肯定会随着情绪的变化而变化。美国会计程序委员会（CAP），美国第一个拟定会计准则的私营部门，直到1936年才成立，就在市场低谷的时候。FASB 在 1973 年成立，紧随着 20 世纪 60 年代末期和 20 世纪 70 年代早期的熊市。安然公司和世界通信公司破产后，随着《萨班斯—奥克斯利法案》被签署实施，公众公司会计监管委员会（PCAOB）也于 2002 年成立。所有这一切都是紧随着而不是领先于事件的发生。

　　下面将谈及有关盈利和社会情绪相关性的最后一点。当我写完这本书时，《华尔街日报》注意到在过去的 10 年里，越来越少的公司会提供季度或年度业绩指引。① 看看，在社会情

---

① Baruch Lev, "The Case for Guidance," *The Wall Street Journal*, February 27, 2012, R3.

绪低迷的时期，很少有消息能令人感到惊讶。信心不足时，公司都不愿意对未来做出承诺，而且随着情绪的下挫，更严厉的会计政策会被制定并被应用。

可以毫不夸张地说，当社会情绪得以改善时，会有更多的公司愿意提供业绩指引。

我发觉在进入到大多数投资者都想逃避的主题之前，我们已经进行了一个漫长的迂回。但是，社会情绪在公司盈利中起到的作用远比人们想象得要大。重新回到这一章开头我用的晚餐那个比喻，情绪上的变化不只影响了盘子里的食物，也影响了我们对食物的喜爱程度、食物分量及食物的准备过程。整个盈利的过程都会受到情绪的影响。

接下来，我将探讨我目前看到的市场。希望本章已经为后面的讨论做好了铺垫。在更好地理解情绪是如何影响盈利的过程以及情绪的变化已经怎样影响了这个过程之后，我相信投资者对下面要研究的东西也做好了准备。

第 8 章

社会情绪和当今市场：
我们身处何方？

　　为了回答本章标题提出的问题，首先，我想提出两个问题，这也是我在进行关于偏好边界的演讲时经常用到的两个问题。第一个问题是，"我们知道经济情况没有过去好，那么什么时候是最好的？"第二个问题是，"今天的经济情况很糟糕，你能想到什么时候它会更差吗？"

　　在继续往下阅读之前，我鼓励你想想这两个问题的答案，如果可能的话，给出确切的日期。

　　当我面对众人演讲时，在让每个人都静静地思考我刚才提出的两个问题后，我通常会让一部分听众给出他们的答案。令我印象深刻的是，在没有任何提示的情况下，听众会迅速而一致地给出相同的答案。

从后往前说，第二个问题的答案是"大萧条后期"。尽管几乎没人能提出一个具体日期，但他们都知道是大萧条后期。至少在现代，在大多数美国人的心目中，情况从来没有比那时更糟。

不过，有趣的是，听众给出的第一个问题的答案为两种非常不同的时期。很多听众认为似乎应在 20 世纪 90 年代末和 21 世纪初，最常见的结论是"9·11"之前（一个人甚至说出了具体日期，即 2001 年 9 月 10 日）。然而，当我询问跨国公司高管或金融服务机构的专业人员时，他们通常会给出比那晚一些的答案："2006 年至 2007 年"或"银行业危机爆发之前"。

当你看到诸如图 8-1 之类描绘标准普尔 500 指数和彭博消费者舒适指数（Bloomberg Consumer Comfort Index）的图表时，就会很容易明白为何那么多人会认为 20 世纪 90 年代后期和 21 世纪初代表市场顶峰。

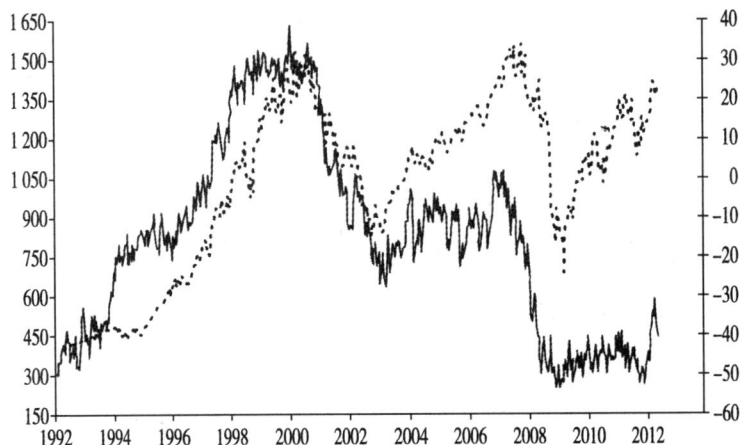

图 8-1　彭博消费者舒适指数之于名义标准普尔 500 指数：1992—2012 年

资料来源　MacroMavens。

毫无疑问，至少被彭博消费者舒适度指数衡量的情绪在2000年是最高涨的。但要注意的是，标准普尔500指数继续增长直到2007年达到峰值，而消费者舒适指数却从2003年较低点反弹。由于美国银行股指数（the KBW Banking Index）（我认为是一个能够很好地代表金融服务业情绪的指数）继续上扬至2007年达到了一个更高峰，我认为图8-1有助于解释为什么跨国公司高管和金融服务专业人士比大多数美国人选择了一个更晚的日期。对于他们来说，他们的情绪的确更迟些达到极值。

我可以想象，一些读者已经翻回到这本书的开头，然后问自己："我错过了什么？我以为情绪和市场指标应该密切联系！"毋庸置疑，我费了很大努力来研究这个问题。几个月来，我经历了一段困难的时期，试图弥合主要消费者信心指数与标准普尔500指数和道琼斯指数之间的差距。

后来，金融研究机构 MacroMavens 的斯蒂芬妮·彭博伊（Stephanie Pomboy）向我展示了图8-2。

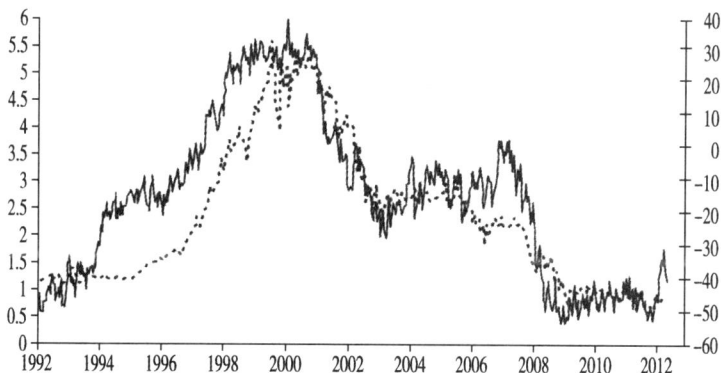

图8-2 彭博消费者舒适指数之于黄金价格平减标准普尔500指数：1992—2012 年

资料来源 MacroMavens。

图 8-2 和图 8-1 不同的是，并没有使用名义标准普尔 500 指数，而是使用了黄金价格平减指数。换句话说，这是按照实际价格衡量的，情绪和市场走势几乎完全重叠。

我希望有一天那些负责制定美国货币政策的人能够研究这些图表，因为他们认为，尽管美联储可以通过货币贬值提高名义资产价值，但几乎不能影响消费者情绪。

然而，让人感到充满希望的是，图 8-1 和图 8-2 将帮助一些读者明白，为什么他们不舒适的情绪与过去股票价格上涨毫无联系。名义股票价格上涨，是因为货币政策制定者采取了极端行动，而真实的股票价格应跟随社会情绪下跌。

如图 8-2 所示，自 2000 年初以来社会情绪一直在下挫。更重要的是，股市在 2009 年初探底后市值翻了一倍，但几乎没有多少美国人对此有所察觉。事实上，无论是否被实际价值或彭博消费者舒适度指数衡量，2011 年 10 月初的情绪甚至比在 2009 年市场探底时更差。这是持续了 12 年的不断恶化的情绪，持续时间几乎是大萧条的 4 倍。

8.1 现代社会情绪的极端

正如你看到的，在图 8-1 和图 8-2 中，无论是否将 2000 年或 2007 年作为最高点，按实际价值进行计算时并没有什么区别。对于其实际价值，我相信，管理人员引用那个情绪高峰和市场高峰一致时的价值的原因在于，对于金融资产的名义价值，管理人员的情绪整体来说比普通的美国人更加"杠杆化"，因为他们自己的报酬和净资产与之息息相关。

但是，对我来说，更重要的是听众的能力——在没有深入
了解以及没有任何提示的情况下，他们能共同回答出"大萧
条"和"2000年"。人们可以识别在过去我们社会情绪变化范
围的两个分界点。毫无信心的底部是大萧条时期，充满信心的
顶峰是过去十年中的某个时点。相比大萧条时期，今天我们感
觉更好，但不如不久之前。

这些分界点对我很重要的原因是，它们使我将偏好边界
放置在道琼斯指数（见图8-3）的较长时期的图表上，

道琼斯指数
□DOW

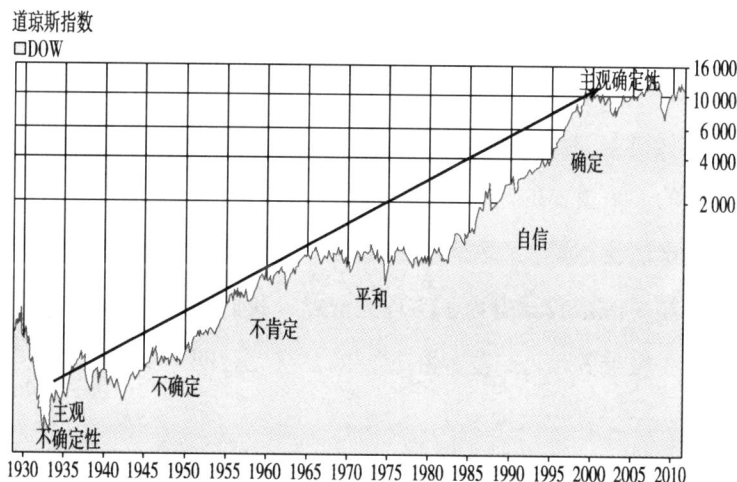

图8-3 1933—2000年：主观不确定性与主观确定性

资料来源 Yahoo!。雅虎公司授权改编，雅虎公司持有版权。

以检验其相关性和准确性。更重要的是，回到第2章"偏好
边界：情绪如何影响决策"中提出的上升的情绪的"特征"，
这使我能在很长的时间轴上观察我们的行为，探究当社会情绪
高涨时，这些行为是否在这个时间框架下越来越极端。例如，

127

当情绪和市场上涨时，我们取消管制会导致更大的极端吗？公司变得越来越国际化了吗？是否会有更高水平的两党合作？

不可否认，情绪的上升线并不是直的。例如，20世纪60年代末和70年代初，是一个显著的社会情绪低迷的时期。不过，目前还没有一个人告诉我哪个时期比大萧条时期更能反映触底的情绪。

然而，更加突出的是，20世纪90年代后期，我们和积极情绪有关的行为一直比20世纪50年代和60年代时显得更加极端。我们借贷更多，我们建造了更大的房屋，世界更加和平。如果后大萧条时代是"不太坏"，20世纪50年代的战后时期和60年代初是"好"而不是"更好"，那么20世纪90年代末和21世纪初显然是"最好的"，或者至少这是我们所认为的。更重要的是，这就是我们所做的。

虽然我不是说市场不能或不会好于2000年或2007年的峰值时期，但是我觉得为了实现这一点，我们的基本行为必须反映出更极端的信心，这是很重要的。毫无疑问，我做了思想斗争——至少在短期内。

我认为在考虑它的意义时，关于过去十年中我们经历的高峰时期，还有其他的方面也是很重要的。

8.2　通信和运输创新与社会情绪的高峰

正如我在第3章提及的"市场高峰及其危险信号"，互联网泡沫提供了一个明显的窗口以进入"主观确定性"。我们都认为互联网永远地、无处不在地改变着我们的世界，我们甚至因此看重概念股（当考虑其估值被拉伸的量时，或许应该将其称做"手风琴"（accordion-ingly））。这是典型的根据现在推断未来。

不过，对我来说具有重要意义的是，通信和运输的创新往往伴随着主要的市场高峰，这种现象不是第一次发生了。从19世纪30年代的运河到19世纪后期的火车和摩斯密码，再到20世纪20年代的汽车和收音机，以及20世纪60年代的飞机和电视，主要市场峰值都和主要"社会互联"以及"世界范围的改变"技术相一致，如图8-4所示。考虑到市场峰值时我们强烈的积极情绪，我们始终热切地接受广泛的创新和技术，并看到"永久"变化的潜力无处不在。投资者为那些我们相信能提供这种新的确定未来的公司赋予了极高的价值。

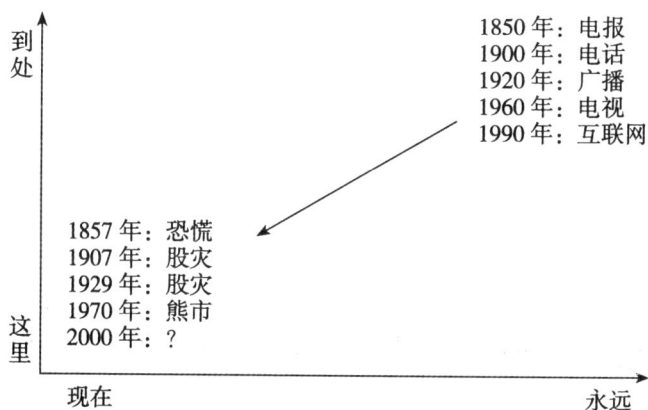

图 8-4　创新与重要市场顶部的紧密联系

资料来源　Financial Insyghts。

虽然互联网拥有"改变一切"的显著特征，并在全球范围内对社会各方面——经济、政治、社会产生了重大而深远的影响，

情绪，冰与火

但当前社会情绪正处于极端之时，我不会低估其所拥有的分量。

8.2.1　2000 年到 2012 年：劣化的情绪

高峰时期的特点远远超出了互联网的技术范畴。通过比较
2000 年时我们对世界的看法（图 8-5）和 2012 年时我们对世
界的看法（如图 8-6），我们可以得出这一结论。

永远

所有权

更换

多国或跨国

妥协

中间立场

连接

扩张主义和收购

实时库存

概念股

图 8-5　社会情绪顶峰时的特征

资料来源　Financial Insyghts。

跨越所有偏好边界的三个维度——时间、距离和关系，似
乎我们的世界变小了。在 2000 年，我们能发觉无限的机遇，
而今天，我们看到了相当多的不确定性。不过，需要再次提醒
大家的是，我认为重要的是要明白，这两种观点没有哪种更加
正确或合理。回到图 1-2，今天这个世界和 2000 年相比，不
确定性既不多也不少，是我们的信心水平改变了，我们社会情
绪的变化改变了我们有关确定性的观点。

130

暂时

租用

修理

地方性

争论

极端

独立

贸易保护主义和分离主义

万一库存

红股

图 8-6　社会情绪谷底时的特征

资料来源　Financial Insyghts。

社会情绪和公共决策

对决策者而言，我们偏好边界的变化有利有弊，具体依其方向而定。毋庸置疑，过去十年间低落的社会情绪已对经济增长产生了巨大的阻力。没有一个领域比住房领域更清楚地表明了这一点，即使史上极低的抵押贷款利率和极高的负担能力也毫无作用。美国人想要租房住了，而不是买房。

2012 年早些时候，美联储的政策制定者明确地承认自己的惊慌失措，因为这一低迷涉及消费者住房行为的情绪变化。我觉得这一现象是非常有趣的。例如，美联储理事伊丽莎白·杜克（Elizabeth Duke）在 2012 年 1 月的讲话是这样的：

"联邦储备委员会已经采取行动，通过购买长期资产，特别是购买机构抵押贷款证券，以降低抵押贷款利率。事实上，低利率与不断下跌的房价造就了历史最高水平的住房购买能

情绪，冰与火

力。同时，租金不断上涨，这将使得与租房比较，买房是一个更具吸引力的选择。

尽管当时有着史上最高的购买能力，但购房和抵押贷款再融资活动仍然很低迷。在似乎对购房者有利的条件下，房屋销售仍然不景气的现象暗示了还有其他一些因素对自用住宅的需求有关键影响。"

对我来看，这些"其他因素"涉及社会情绪，尽管对美联储来说，消费者的行为是非理性的。消费者在面对快速上涨的租金、史上极低的抵押贷款利率和创纪录的负担能力的情况下，仍然选择租房。

然而，消费者从偏好边界的角度来看，这正是他们应该做的。恶化的情绪使他们想租房而不是购买住房，因为伴随着较低的信心（和我们对未来所持的不确定性态度），我们自然会选择暂时的，而不是永久性的解决方案。

虽然我不完全清楚美联储官员是否了解美国人租房子住的原因，但我不得不说，我很高兴看到为了增加住房拥有率，他们至少选择努力促进住房租赁的解决方案的实现，而不是促进家庭进行购买。

然而，我觉得这有点初级。在住房市场的探底时期（不，我认为我们还没到底），我预计政策制定者要采取有效的措施，会完全丢掉"房屋所有权制度"，然后着眼于"家庭占用"，临时或永久性的解决方案同样会被接受。

对于那些在住房方面寻找商业机会的人，单户出租住房的市场很有前景，就像其他行业利用现在消费者和企业对所有事

132

物的"临时性"偏好一样。

8.3 描绘社会情绪

几年前，在我充分开发今天我使用的偏好边界模型之前，在一次与客户会面时，我向客户展示了图 8-7。

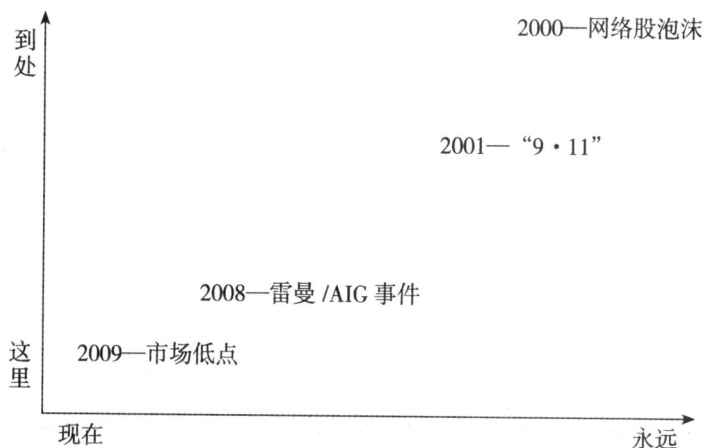

图 8-7 收缩的观点

资料来源 Financial Insyghts。

我使用这张图的目的是帮助我的客户鉴别 2000 年情绪的高峰期和 2009 年市场低谷期投资者行为上的巨大变化。2000年是"我们、到处、永远"，而金融危机的低谷期是"我、这里、现在"。

在 2011 年，当我"社会化"这本书中的许多概念时，我与艾略特波浪国际公司（EWI）的戴维·奥尔曼（Dave Allma）有过一次交谈，并且我在电话会议上提供了相同的图表。看到图之后，戴维立即让我停止我的演讲，同时他给我发了封电子邮件，传给我一份 EWI 曾为客户做过的图（如图 8-8 所示）。

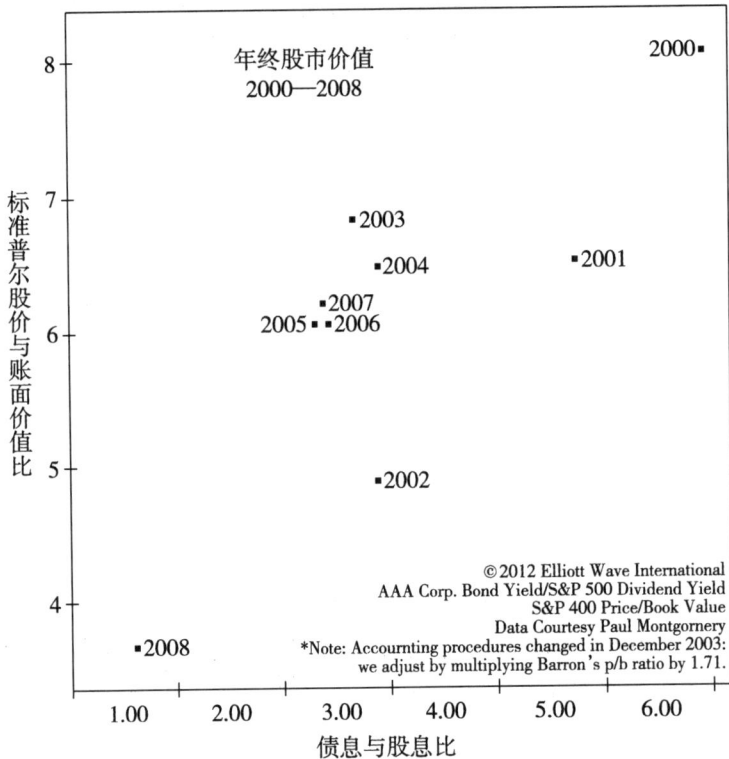

图 8-8　2000—2008 年年终股市收盘市值

资料来源　Robert R. Ptechter Jr.，Elliott Wave International 授权。

以同样的方法，我绘制了特定年份偏好边界的框架，就像 EWI 用两个重要估值方法——价格与账面价格比、债券收益与股票收益比。我希望读者通过这本书能容易地看到，信心的变化如何改变了我们的偏好边界，同时反过来，我们如何估计股票价值，以及这两个图表怎样和为什么联系在一起。

现在，我提供了戴维在我们的电话会议上第一次给我的完整版本的图表（如图 8-9 所示）。不仅是 2000 年到 2008 年（如图 8-8 所示），EWI 绘制的是 1927 年至 2011 年的整个期间。

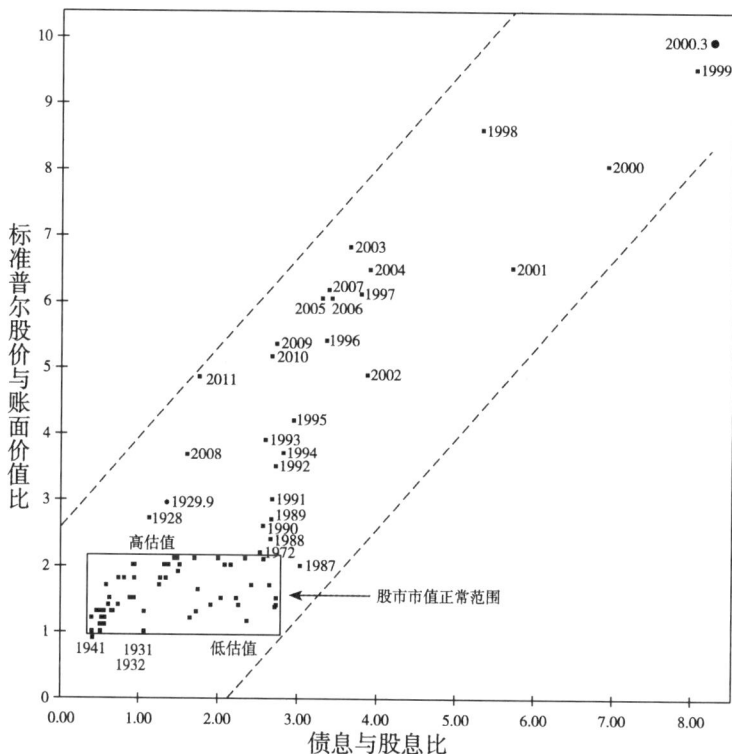

图 8-9 1927—2011 年年底股市收盘市值

资料来源 Robert R. Ptechter Jr. , Elliott Wave International 授权。

正如你所看到的，在过去的 20 年里，每一个人都位于这张图表的右上象限，而 1999 年和 2000 年，真正的市场高峰期和社会情绪高涨期，最靠近右上角。我知道，对很多读者来说，我们过去 20 年间的经历意味着一个严重的反常估值，甚至 2009 年的值都很低。这可能难以让人接受，但我强烈建议您考虑这种可能性。

8.4 用长远眼光看社会情绪和股票市盈率

在 2011 年秋末我写这本书时，我看到许多分析师的报告显示，股票很便宜，并使用 1990 年以后的市盈率图表来支持他们的论断（2011 年秋季的市盈率大约等同于 1990 年，是许多分析师的图表上的最低点）。其实，阅读几份报告后，我感觉相信预计市盈率可能降低至 1990 年的水平，就如同相信黑夜之后不再有白天一样。在投资世界中，20 年是一个生命周期。如果阐述一个完整的市场周期却用这么长的时间段来涵盖，那简直是歪理邪说。

但请考虑比安科研究所（Bianco Research）的吉姆·比安科（Jim Bianco）提供的图 8-10 中的数据。

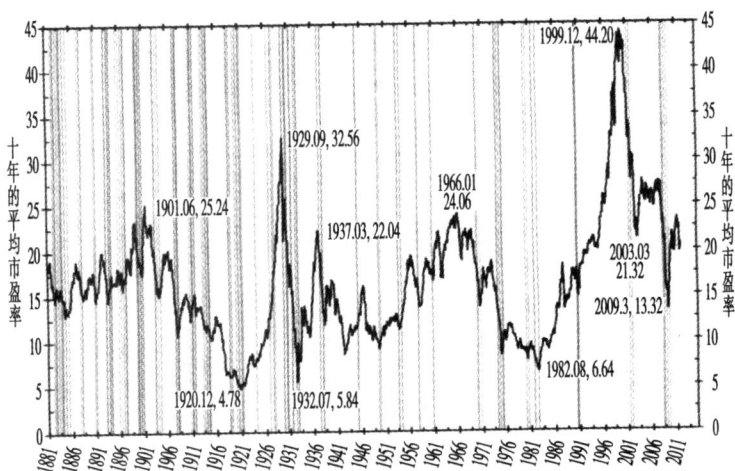

图 8-10 1981—2012 年十年的平均市盈率

资料来源 Bianco Resereach。

　　当然，在过去的 25 年里，对股票的估值显得很低。然而，相对于过去的 130 年，这根本不对。

　　我想在较长的时间段内进行探究是有帮助的。在 1937 年，当时的情绪没有大萧条时期糟糕的时候，股票有一个市盈率为 22 的峰值；然后到 1966 年情绪变得"更好"时，市盈率为 24；在 2000 年，当时投资者的心情是"非常好的"，市盈率为 44。可见，情绪和市盈率是紧密联系的。

　　但是，请注意图表上市盈率倍数的显著低点。在主要的低点时期（1920 年、1932 年、1982 年），市盈率下降到个位数的中间段。鉴于 2000 年的市盈率几乎是 1929 年峰值的 1.4 倍，我认为投资者必须考虑，在下一个有重要意义的牛市开始之前，估值可能移动到相反的极端，即较低的中间段个位数的市盈率倍数是有现实可能性的。

8.5　社会情绪和大公司的演变

　　然而，在我们的 2000 年至 2007 年的高峰期，还有一个因素让我思考了很长时间。在 20 世纪 60 年代末期和 70 年代初的熊市期间，伴随着这个周期恶化的情绪和"我、这里、现在"的偏好边界，有相当多的民众和政治团体反对实际被跨国公司控制的政权。在此期间，有大量的书甚至提出，一些跨国公司（如 ITT）篡夺了历史上本来应赋予各国政府的权利和责任。

　　在过去 40 年里，美国和欧洲采用"跨国公司"商业模式的全球经营企业已演变成"跨国主义"。世界上最大的公司实现了真正的全球化——其管理团队、供应商、分销商和股东均来自世界各地。今天，它们和普通公司相比，就像国际货币基金组织和镇议会的对比，它们是高级统治实体。

我担心的是，世界上最大公司的跨国主义都反映和代表了社会情绪非凡的峰值，不只是在美国，在全球也是如此。事实上，从偏好边界的角度看，几乎没有其他的商业模式比跨国主义能够更好地阐述"我们、到处、永远"这一社会情绪高峰期的元素。在世界上最大的公司，劳动力、商品、资本和数据无摩擦地转移是一个假设，其不仅仅从事简单产品的生产。例如，新的波音 787 梦幻客机采用了非凡而复杂的全球采购、全球组装和全球融资模式，拥有全球的客户群。这正是前述假设和"我们、到处、永远"情绪的例证。

在过去的 20 年，跨国公司股东的好处是很明显的。人们只需要查看这一时期的标准普尔 100 指数利润的边际增加值，就可以发现这些好处的具体量化数（可借助第 7 章"篡改账簿：企业盈利和社会情绪"中讨论的情绪的有关会计推动作用）。但是，我担心在日益恶化的社会情绪的民族主义反击下，跨国公司是非常脆弱的。最近，《纽约时报》刊登了一篇题目为"美国如何失去了 iPhone 的工作"的文章，它强调了苹果因中国制造产生的成本和效益。不过文章也提出了这样的思想：

"白宫前经济顾问贾里德·伯恩斯坦（Jared Bernstein）说：'苹果这个例子可以解释在美国为中产阶级创造工作机会

如此困难的原因。如果这是资本主义的巅峰之作，我们应该感
到担心。'"

然后，就是针对这篇文章的评论：

"我们在一百多个国家销售 iPhone，"苹果高管说，"我们
没有义务来解决美国的问题。我们唯一的责任是创造最好的
产品。"

社会风气的恶化可能伴随着高失业率，我担心跨国公司只
忠于股东这一企业目标很可能使它们成为被攻击的目标，如同
我们看到的 2009 年针对华尔街所做的那样。

对于跨国公司，还有一个与情绪有关，比不合适的超主权
的商业模式更大的挑战：今天大多数西方主权国家面临金融
挑战。

像 20 世纪 70 年代初一样，跨国公司不仅很可能成为民族
主义势力的攻击对象，我怀疑这些公司的相关资金实力和非本
地状态还很可能使它们和外国债权人一起"分担责任"。在这
方面，注意最近路透社讲述的一个关于欧洲药品生产商所运用
的方法，"现金拮据的政府大幅削减药品价格，并制造了近
200 亿美元的未付账单"。

虽然我不希望，但欧洲和美国日益恶化的社会情绪很可能
会给跨国公司施加更大的政治和社会压力，这将大大降低边际
利润率和市盈率。若伴随疲软的经济增长，这将是一个零和博
弈，政策制定者除了从最大的企业获取利润似乎别无选择。

当然，社会情绪也会涉及国家安全的问题。日益恶化的社
会情绪会自然而然地导致民族主义和对安全的高度担忧，很可

能会加强本地采购和重点安全用品的制造，考虑使用本地劳动力，而缺乏对企业盈利的考虑。当西方国家政府已经捉襟见肘时，我预计这种爱国的"牺牲"要求将进一步蚕食大企业的利润空间。

较差的社会情绪和全球合并的反弹

我认为下面这个股票交易所并购的例子可以很明显地说明在目前社会情绪恶化和高涨的民族主义形势下，跨国公司所面临的挑战。纽约泛欧证券交易所（NYSE Euronext）与德意志证交所（Deutsche Boerse）合并以及多伦多证券交易所（Toronto Stock Exchange）和伦敦证券交易所（London Stock Exchange）合并均告失败。这两起合并均经历了严格的监管审查。多伦多和伦敦证券交易所的交易，甚至促成了一个被形象地称为枫叶集团的民族主义财团的公开竞标。这一财团由加拿大13家最大的金融机构和养老基金组成。

若情绪进一步恶化，大型跨国公司并购将无法执行。即使是国内交易也将面临更大的挑战，特别是在公众看来是寡头垄断或过于复杂的行业。在这方面不必感到惊讶，你会看到美联储在美国第一资本金融公司（Capital One）对荷兰国际集团旗下的ING Direct的收购案的反应非常迟缓。

只要情绪呈转好趋势，就很少有人会关心更大规模和更加全球化的复杂企业模式；而变差的情绪会导致相反的情形。看到美国广播公司（ABC）的新闻报道得克萨斯州的一个家庭只保留了美国制造的产品，家中其余的一切都被清空，不难感受其反映和代表的情绪上的明显转变。

我认为当今世界几乎没有大公司关心，更谈不上准备应对恶化社会情绪会带来的经济下滑影响。我怀疑，像大多数投资者一样，商业领袖也认为过去的 20 年预示了未来的全部潜力。

8.6 达到顶峰的社会情绪和主权债务

最后，回到我最初关于主权债务的讨论上，我不禁怀疑今天是否也有一个前所未有的神话正面临风险。

在 2010 年年底，摩根·斯坦利（Morgan Stanley）的欧洲固定收益团队提出了这样的想法：

几个非核心国家的债券，尽管名义上是政府债券，但实际上已经无法提供政府债券的优势——安全性、流动性、低波动性以及与风险资产呈负相关性……因此，传统的购买政府投资组合的投资者正在退出这些市场。总之，无关紧要的政府债券已成为一个寻找新投资者的资产类别。

现在，欧洲国家的主权债务很难找到买家的想法似乎过于偏激。这些国家的债券曾是"安全性、流动性、低波动性以及与风险资产呈负相关性"俱全的神话，现在却是假的。

但要注意《华尔街日报》于 2012 年 2 月 23 日在华尔街专栏上刊登的评论："它曾是如此简单。发达国家的政府债券是无风险的，而企业债券有着不同程度的信贷风险。欧元危机却暴露了这样的假设是错误的。"毋庸置疑，西方政府——不只是欧洲的非核心国家——主权债务神话的破灭对投资者和政府都有着巨大的影响。

情绪，冰与火

在过去的 20 年中，主要西方国家政府能以极低利率借到大量的资金，这主要归功于社会情绪当时处于高峰。然而，正如我们在希腊看到的，下降的社会情绪带来的不只是股市下跌，还有部分债券投资者不愿意把钱借给政府。

此外，我认为主权债务的投资者需要考虑，无论政策制定者构建的"防火墙"是怎样的，那些防火墙的有效性依旧完全基于社会情绪。如前所述，当 2011 年 10 月情绪触底时，没有人相信决策者们愿意或能够支持市场。但是，由于 2012 年第一季度情绪逐渐转暖，市场越来越确信（政策制定者也这样认为）渐进采取的步骤（在社会情绪的不断上升期）足够削弱这些非核心国家的主权债务危机对本国的影响。

我不会假装明白这一想法将会导致什么，但欧元危机导致一个非常大的神话是假的——发达国家的政府债券是无风险的——这使我极为担心。从现代投资组合理论到国家和国际安全问题，再到构成全球资本市场基础的抵押品市场，我担心无风险发达国家的主权债务神话的破灭，会使所有的投资者对其长期方面持怀疑态度。

然而，全球仍有如此多的投资者曾经并继续相信这个神话的事实，恐怕证明了在过去的 10 年来市场始终处于峰值。

8.7 结 语

对我来说，我们经历的过去 10 年的社会情绪高峰期有许多表现，如在商业、技术、政治和文化方面。我觉得，认为即使没有反映极端的主观不确定性的市场探底，市场也会继续前行的观点是幼稚的。是的，2009 年 3 月的探底是显著的。但不幸的是，我认为无论在深度或广度上，它都不够显著。2000年和 2007 年的峰值不仅仅说明其是一个市场高峰期，更说明其是一个具有充分代表性的体现积极社会情绪的转折点。我相信情绪有节奏地在做周期运动，我认为读者需要思考可比的负面社会情绪的转折点。

众所周知，市场并不在一条直线上向上或向下移动。即使我的观点——在下一个大牛市开始之前，市场将达到中段个位数的市盈率——是正确的，仍会有大量的随机却有意义的波峰和波谷出现，我希望这本书可以帮助你发现它们。

正如我前面提到的，在我提出社会情绪经济学和偏好边界框架之前，我了解到坚持一个长期的信念有助于在动荡的市场里获得投资回报，正如在过去的 10 年中我们所经历的。

今天，我坚持我长期的看法，以在过去的 10 年中我们经历了一个非常显著的信心和社会情绪的高峰为基础，密切关注较不重要市场中的波峰和波谷，以便更好地利用有意义的市场波动。在下一章中，我将与大家分享如何这样做。

第 9 章

使用偏好边界，
无论是否持长线观点

9.1　使用偏好边界

正如我前面介绍的那样，我写这本书的目的是分享我运用社会情绪经济学框架得出的见解和结论。我希望能帮助投资者领会我现在理解的市场和我们周围的世界，以便使他们能够从中获益。我并没有试图写有关道琼斯指数 50 000 或 5 000 的书。

需要明确的是，我希望我以情绪为基础对过去 20 年进行的评估不仅是错误的，而且是非常错误的。我不希望得到数值式的市盈率或是被严重的主观不确定性所决定的市场下的社会行为。但是，信心遵循循环模式（如图 9-1 所示）是有意义的，其中，积极的情绪趋势自然增长直至达到顶峰和过度自信，然后负面情绪趋势出现，最终导致"下降的"信心和低谷，接下来，转而开始积极情绪的趋势……

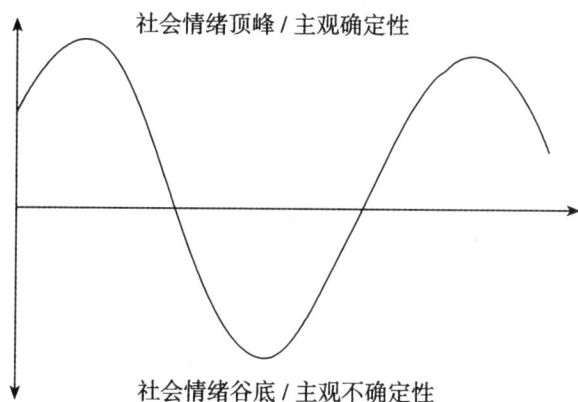

社会情绪顶峰 / 主观确定性

社会情绪谷底 / 主观不确定性

图 9-1　社会情绪的循环

鉴于 2000 年和 2007 年我们经历了社会情绪的显著高峰，我相信在未来将有一个显著的低谷出现。不过，运用偏好边界的框架和社会情绪经济学原则，在很长一段时间，我认为理解在长期周期内有短期循环是很重要的。对大多数投资者来说，这也是有意义的和"可资交易的"，像图 9-1 展示的那样，遵循高峰、谷底、再高峰、再谷底的信心模式。

在第 8 章"社会情绪和当今市场：我们身处何方?"，图 8-3 表明从大萧条的末端到 2000—2007 年的整个期间可以被认为遵循偏好边界框架在移动，从严重的主观不确定性到严重的主观确定性。然而，1937—1966 年或 1990—2000 年期间，你可能会发现这个规律同样适用。这些更短的时间段内也表现出

了类似的行为波动，从低谷到高峰，只是程度较轻。图9-2
描绘了2002年市场底部至2007年的市场高峰，也表明相同的
情绪的正迁移，但程度较轻。

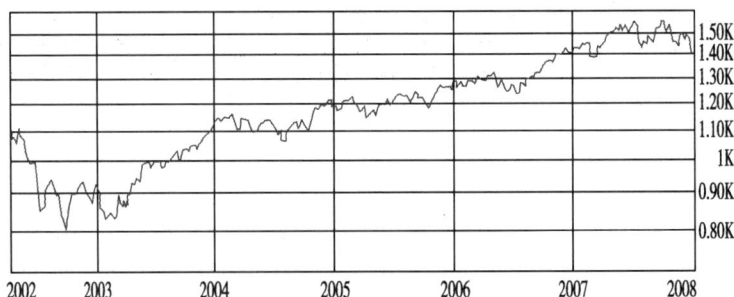

图9-2　2002—2007年标准普尔500指数走势

资料来源　Yahoo!。雅虎公司授权改编，雅虎公司持有版权。

　　基于我已经做了行为模式的研究，我相信大多数投资者若
使用这本书展现的社会情绪经济学和偏好边界框架，通常能够
通过现实世界的事件发现显著的市场转折点，无论是向上还是
向下，无论是为期数月还是为期数年。

　　正如我前面所讨论的，在2011年10月初，我观察到
了主观不确定性下的行为。这些行为表明一个显著的市场
谷底即将来临。4个月后，即2012年2月上旬，当我把我
那时观察到的一长串行为整理到一起的时候，发现其似乎
反映了正好相反的情绪——一种相当高水平的信心，如果
不是主观确定性的话——我认为这极有可能是一个市场
顶峰：

　　● 主要抵押贷款银行、州检察长和住房和城市发展部签
署了价值250亿美元的无抵押品赎回权的调解书。

- 希腊议会批准了一项极具争议的进一步实施紧缩的政策。

- 嘉能可（Glencore）和斯特拉塔（Xstrata）发布了价值900亿美元的合并交易公告。

- 欧洲央行（ECB）行长德拉吉（Mario Draghi）宣布欧洲央行将扩大贷款和其他金融资产的合格担保组合。德拉吉先生公开声明："当然，这将冒更大的风险。这是否意味着我们需承担更多的风险？是的，这意味着我们承担更多的风险。这是否意味着这种风险不能够被管理？不，风险现在被管理得很好，而且它将来也会被管理得很好，因为这是一个对额外信贷索赔的强有力的超额抵押。条件审查是非常严格的。"然后，德拉吉先生对欧洲银行的CEO发表了不满评论，质疑那些不参与长期再融资操作（LTRO）银行的"男子气概"。

- 脸谱网（Facebook）和凯撒娱乐公司（Caesars Entertainment）的IPO引发了轰动，在第一个交易日中，这两家公司的股价几乎翻了一倍。

- 美国总统奥巴马和意大利总理蒙蒂进行会晤，被新闻头条吹捧为"取得了惊人的进展"。

- 新闻报道称，白宫经济顾问委员会更新了他们的预测，预计2012年将创造200万个就业岗位，如果刺激经济措施时间延长，将可以在2012年年底把失业率降至8%。

- 世界上市值最大的股票——苹果公司的股票价格以抛物线形状移动，在4天内上升超过10%。电视上的专家们建

情绪，冰与火

议投资者现在应认购期权，增加股票的投入，因为"1 000 股就是一幢房子的价格"。

- 失业保险金申请数自 2008 年 4 月以来首创新低。

- 核监督管理委员会批准了 1978 年以来的第一个新核反应堆。

- 芝加哥商业交易所减少了商品抵押保证金要求。

- 国会通过了内幕交易的法律。

- 德国总理默克尔获得 2009 年以来最高的支持率。

- 最后一部分"占领华盛顿"运动的参与者被驱逐。

- 一次最成功的缉毒行动发生在墨西哥，"检获毒品量相当于 2009 年全球一半的冰毒。"科罗拉多州历史上最大规模的毒品捕获行动涉及 500 名官员，80 名犯罪嫌疑人和 4 个可卡因贩毒集团。

- 荷兰籍欧盟委员会副主席尼莉·克罗斯（Neelie Kroes）接受荷兰《人民报》采访时说："如果有国家离开欧元区，这绝对不是冲动的行为，过去总是说'如果你允许或要求一个国家离开，整个结构就会崩溃。但这是不正确的……'"

- 几个主要的基金经理公开抨击债券，甚至评论投资者应该"100% 投资于股票"。

- 《华尔街日报》关于大型豪宅的一篇文章的标题为"特大号生活"，附带的子标题为"当 50 000 平方英尺不够时"。

如果你问我，我会告诉你这是在短短 4 个月内一个相当鲜明的对比！但市场也反映情绪的变化，标准普尔 500

指数从 2011 年 10 月初至 2012 年 2 月初上涨幅度超过 25%。

诚然，我很早便开始了我 2 月份的观察。市场在 3 月初停顿之后，在未来 6 个星期持续走高，上涨了 5%。但我要指出的是，很多欧洲的主要市场在 2 月初达到高峰，道琼斯运输指数也是这样。像这本书之前强调的那样，信心通常会逐渐变成过度自信，在此期间坏消息经常被忽略，主观确定性笼罩整个市场，随之而来的是泡沫破灭。在顶部，我们不希望确定性结束。在 3 月，市场参与者将美国全国广播公司（CNBC）财经频道和彭博电视台（Bloomberg Television）改称为"苹果电视"，这就能很清楚地说明这个现象。这是所有的时事评论员都想谈论的话题，并不奇怪的是，2 月份已上涨了 22% 的苹果公司的股票，在 3 月又飙升了 13%。

不过，现在回想起来，我看到和分享的 2 月初衡量主观确定性的指标是有意义的，虽然我那时并不知道苹果股票的相对强弱指数（RSI）的峰值产生在那一周，如图 9-3 所示。那一周也标志着一个显著的纽约证券交易所（NYSE）股票交易的高峰，高于其 50 天的移动平均线。

社会情绪经济学和偏好边界框架赋予我的是在 2 月份运用现实世界中的指标观察真实情况的能力，尽管我并没有意识到这一点。当时，信心水平达到峰值。要明确顶峰是一个过程，同时考虑到我们天生的乐观情绪和想要尽可能保持确定性的愿望，接下来我可以警示市场方向即将迎来的变化。

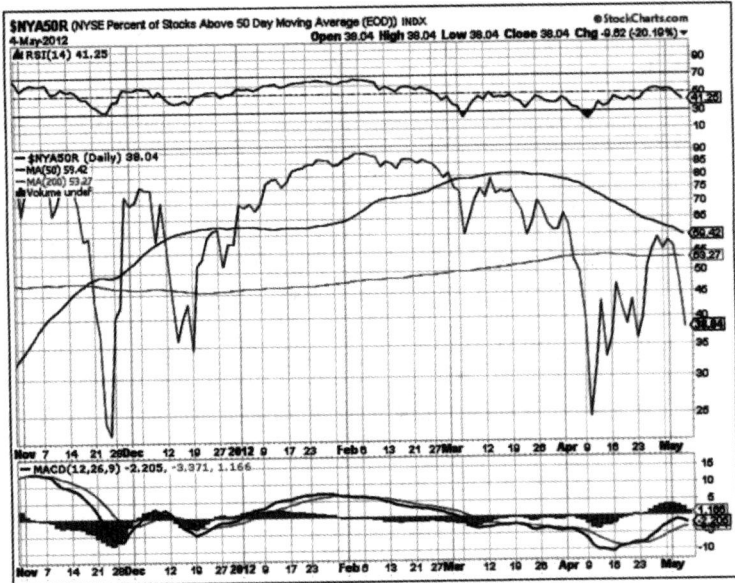

图 9-3　纽约证券交易所股票交易高于 50 天移动平均线的幅度

资料来源　StockCharts. com。

　　这就是我如何使用社会情绪的。当我看到包含强烈的"我们、到处、永远"的行为的例子时，它们可以帮我检视上升市场的健康性。当我看到包含强烈的"我、这里、现在"的行为时，它们可以帮我发现下跌的市场中的衰竭征兆。当我看到这两种中任一种行为模式的极端时——特别是集群性的行为——我会密切关注市场中潜在的拐点。这些行为模式是我所知道的最好的指标：它们弱化了情感的影响。

　　我知道太多的投资者将时间完全花费在金融市场以及具体的公司盈利和分析报告上。从我的角度来看，他们只见树木不见森林。社会情绪的变化涉及我们生活所有的方面——经济、政治、文化、媒体，甚至我们吃的食物。我强烈建议，当你要投资的时候，你需要全面地观察你周围的世界以寻求线索。市场 2011 年 10 月的低谷和 2012 年 2 月的高峰即将到来的时候，金融市场上并没有太多的反应。

9.2 结 语

无论你是长期看涨还是长期看跌，我认为很重要的一点是要认识到，社会情绪和我们的信心水平是周期一致、程度不同的一系列波动。也就是说，很可能一个很长的周期是消极的，而短周期内是积极的；反之亦然。例如，虽然从大萧条到 2000 年至 2007 年间显现的是不断增加的信心水平，但 20 世纪 60 年代末和 70 年代初的一段时期却很明显是一个日益恶化的社会情绪时期。例如，在 1966 年，认为社会情绪仍然可以变得更积极的人最终会被证明是正确的，但是，这个人首先将不得不经历非常痛苦的 10 年。

在我懂得社会情绪经济学之前，在 2009 年我艰难地反思着教训。当时我坚决认为，金融危机仍然没有完全展现出来，但我没有信心首先将进入一个强大的良性循环的想法——即使是短期内（像我曾写的，标准普尔 500 指数自 2009 年 3 月的低点以来上涨超过 100%）。因为偏好边界框架，我现在可以清楚地看到我错过的 2009 年的主观不确定性的行为迹象。

今天，虽然我继续观察情绪大幅度恶化的迹象，这可以支持我长期看跌的观点，社会情绪经济学和偏好边界框架使我观察到实时的行为暗示市场出现顶峰和底部的时机。我现在不再

情绪，冰与火

关注波动市场的情绪——或者我自己长期的观点——我现在着重研究我周围的这些行为以及它们如何反映心情。

我相信，我们身边真实世界的行为模式比任何股票经纪人或分析师都能够更好地提供投资建议。

第 10 章

结束语

文斯·隆巴迪（Vince Lombardi）曾说过："信心是会传染的，缺乏信心也会传染。"我怀疑他根本没有考虑股市，但他的说法比我知道的任何金融专家的说法都更符合市场的实际情况。上升的市场反映不断增长的信心水平，下跌的市场则揭示相反的信心水平。

然而，观察不断改变的信心的好处在于，可以发现它是怎样一直在具体行动中展现的。我们在没有认识或知道这一点之前，基于个体和集体的信心水平，一遍又一遍地做着同样的事情。随着信心的变化，我们的偏好自然会随着它而改变。对投资者来说，能够及时看到这一点是个好消息。

希望本书中我分享的社会情绪经济学的原则以及偏好边界

的框架，能帮助作为一个投资者的你观察和信心有关的行为，用真正的市场指标观察这些行为。而且，我希望它能把你破坏价值的情绪和买卖证券的决定分开。

社会情绪经济学的原则以及偏好边界框架也适用于股票市场之外的决策。通过了解社会情绪的方向，以及它如何影响我们的选择，广告、媒体和产品开发的从业人士可以提高他们的效率。例如，那些将"我、这里、现在"的决策行为和下挫的信心联系到一起的人会知道房屋出租业将从住房危机中受益。

而这仅仅是一个例子。最近，我让一组大学生选出过去20年中最成功的电视节目，并据此绘制我们的信心水平图表。你会惊奇地发现这些图表和标准普尔500指数有多么紧密的联系。

学生们还告诉我，当他们的信心很低时，如失恋分手后，他们会吃"安慰食物"，诸如一品脱"Ben & Jerry"冰淇淋或麦当劳和奶酪等，独自躺在家里的沙发上，听着阿黛尔的歌，穿着睡衣，和他们的狗一起玩耍。他们甚至没有意识到这一点，在社会心情低谷时期，他们已经把"我、这里、现在"紧密联系在一起了。

在我少年时期，我的父亲常常说："要清楚地知道自己所处的时间和空间。"在我生命的那段特定时光，这是父亲在以他的方式叮嘱我要修正自己的行为。毫无疑问，他是正确的。我还要在我们的"在何时"、"在何地"上加上"谁"，这是至关重要的——无论是在企业里、在市场中、在看电视的时候、在电影院，还是在投票亭，甚至在休息后我们打开冰箱不知不觉地选择"安慰食品"当做晚餐的时候。

希望你现在明白了为什么。